"十三五"国家重点图书出版规划项目

《医学·教育康复系列》丛书

组织单位

华东师范大学中国言语听觉康复科学与 ICF 应用研究院
华东师范大学康复科学系听力与言语康复学专业
华东师范大学康复科学系教育康复学专业
中国教育技术协会教育康复专业委员会
中国残疾人康复协会语言障碍康复专业委员会
中国优生优育协会儿童脑潜能开发专业委员会

总主编

黄昭鸣

副总主编

杜晓新　孙喜斌　刘巧云

编写委员会

主任委员

黄昭鸣

副主任委员（按姓氏笔画排序）

王　刚　刘巧云　孙喜斌　杜　青　杜　勇　杜晓新
李晓捷　邱卓英　陈文华　徐　蕾　黄鹤年

执行主任委员

卢红云

委员（按姓氏笔画排序）

丁忠冰	万　萍	万　勤	王　刚	王勇丽	尹　岚
尹敏敏	卢红云	刘　杰	许文飞	孙　进	李　岩
李孝洁	杨　影	杨三华	杨闪闪	张　青	张　鹏
张志刚	张畅芯	张奕雯	张梓琴	张联弛	金河庚
周　静	周林灿	赵　航	胡金秀	高晓慧	曹建国
庾晓萌	宿淑华	彭　茜	葛胜男	谭模遥	

国家出版基金项目
NATIONAL PUBLICATION FOUNDATION

"十三五"国家重点图书出版规划项目

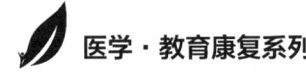

医学·教育康复系列

黄昭鸣　总　主　编
杜晓新　孙喜斌　刘巧云　副总主编

普通话儿童语言能力临床分级评估指导

刘巧云　著

Manual of Mandarin Clinical Evaluation of Language Fundamentals

南京师范大学出版社
NANJING NORMAL UNIVERSITY PRESS

图书在版编目（CIP）数据

普通话儿童语言能力临床分级评估指导 / 刘巧云著. —南京：南京师范大学出版社，2021.3
（医学·教育康复系列 / 黄昭鸣总主编）
ISBN 978-7-5651-4805-7

Ⅰ.①普… Ⅱ.①刘… Ⅲ.①语言障碍—儿童教育—特殊教育 Ⅳ.① G762

中国版本图书馆 CIP 数据核字（2021）第 041974 号

丛 书 名	医学·教育康复系列
总 主 编	黄昭鸣
副总主编	杜晓新　孙喜斌　刘巧云
书　　名	普通话儿童语言能力临床分级评估指导
作　　者	刘巧云
策划编辑	徐　蕾　彭　茜
责任编辑	晏　娟
出版发行	南京师范大学出版社
地　　址	江苏省南京市玄武区后宰门西村9号（邮编：210016）
电　　话	（025）83598919（总编办）　83598412（营销部）　83373872（邮购部）
网　　址	http://press.njnu.edu.cn
电子信箱	nspzbb@njnu.edu.cn
照　　排	南京凯建文化发展有限公司
印　　刷	南京爱德印刷有限公司
开　　本	787 毫米 ×1092 毫米　1/16
印　　张	8.5
字　　数	139 千
版　　次	2021 年 3 月第 1 版　2021 年 3 月第 1 次印刷
书　　号	ISBN 978-7-5651-4805-7
定　　价	38.00 元

出 版 人　张志刚

南京师大版图书若有印装问题请与销售商调换
版权所有　侵权必究

序

PREFACE

　　回顾我国言语听觉康复、教育康复行业从萌芽到发展的22年历程，作为一名亲历者，此时此刻，我不禁浮想联翩，感慨万千。曾记得，1996年11月，我应邀在美国出席美国言语语言听力协会（ASHA）会议并做主题报告，会后一位新华社驻外记者向我提问："黄博士，您在美国发明了Dr.Speech言语测量和治疗技术，确实帮助欧洲、巴西、中国香港及一些发展中国家和地区推进了'言语听觉康复'事业的发展，您是否能谈谈我们祖国——中国内地该专业的发展情况？"面对国内媒体人士的热切目光，我竟一时语塞。因为我很清楚，当时，言语听觉康复专业在内地尚处一片空白。没有专家，不代表没有患者；没有专业，不代表没有需要。在此后的数天内，该记者的提问一直在耳畔回响，令我辗转反侧，夜不能寐。

　　经反复思量，我做出了决定：立即回国，用我所学所长，担当起一个华人学子应有的责任。"明知山有虎，偏向虎山行"，哪管他前路漫漫、困难重重。我满怀一腔热忱，坚定报国的决心——穷毕生之力，为祖国言语听觉康复的学科建设，为障碍人群的言语康复、听觉康复、教育康复事业尽自己的一份绵薄之力。

　　如今，我回国效力已22载，近来，我时常突发奇想：如果能再遇到当年的那位记者，我一定会自豪地告诉他，中国内地的言语听觉康复、教育康复事业已今非昔比，正如雨后春笋般繁茂、茁壮地成长……

　　20多年的创业，历尽坎坷，饱尝艰辛。但我和我的团队始终怀着"科学有险阻，苦战能过关"的信念，携手奋进，在学科建设、人才培养、科学研究与社会服务、文化传承与创新等方面取得了众多骄人的成绩。2004年，华东师范大学在一级学科教育学下创建了"言语听觉科学专业"。2009年，成立了中国内地第一个言语听觉康复科学系，同年，建立了第一个言语听觉科学教育部重点实验室。2012年9月，教育部、中央编办等五部委联合下发《关于加强特殊教育教师队伍建设的意见》（教师〔2012〕12号），文件提出："加强特殊教育专业建设，拓宽专业领域，扩大培养规模，满足特殊教育事业发展需要。改革培养模式，积极支持高等师范院校与医学院校合作，促进学科交叉，培养具有复合型知识技能的特殊教育教师、康复类专业技术人才。"经教育部批准，2013年华东师范大学在全国率先成立"教育康复学专业"（教育学类，专业代码040110TK）。

2020年华东师范大学增设"听力与言语康复学专业"（医学类，专业代码101008T），这是华东师范大学开设的首个医学门类本科专业。听力与言语康复学专业旨在通过整合华东师范大学言语听觉科学、教育康复学、认知心理学、生命科学等学科领域的优质师资力量，建设高品质言语语言与听觉康复专业，培养适应我国当代言语语言听觉康复事业发展需要的，能为相关人群提供专业预防、评估、诊断、治疗与康复咨询服务的复合型应用人才，服务"健康中国"战略。

一门新学科的建立与发展，必然面临许多新挑战，这些挑战在理论和临床上都需要我们一起面对和攻克。据2011年全国人口普查数据显示，我国需要进行言语语言康复的人群高达3000多万。听力与言语康复专业立足言语听力障碍人群的实际需求，秉持"医工结合、智慧康复"的原则，紧跟国际健康理念的发展，以世界卫生组织提出的《国际疾病分类》（ICD）和《国际功能、残疾和健康分类》（ICF）理念为基础，构建听力与言语康复评估和治疗标准，为医院康复医学科及临床各科，诸如神经内科、耳鼻咽喉头颈外科、儿科、口腔科等伴随言语语言听力障碍的人群提供规范化的康复治疗服务。最令我感到自豪的是：2013年，我们研究团队申报的"言语听觉障碍儿童康复技术及其示范应用"科研成果，荣获上海市科学技术奖二等奖。

教育康复学专业是我国高等教育改革的产物，它不仅符合当前"健康中国"的发展思路，符合特殊教育实施"医教结合、综合康复"的改革思路，而且符合新形势下康复医学、特殊教育对人才培养的需求。专业的设置有助于发展医疗机构（特别是妇幼保健系统）的康复教育模式，更有助于发展教育机构（特别是学前融合教育机构）的康复治疗模式。2015年，我们研究团队申报的"基于残障儿童综合康复理论的康复云平台的开发与示范应用"科研成果，再次荣获上海市科学技术奖二等奖。

在新学科建设之初，我们就得到各级政府与广大同仁的大力支持。2013年，教育部中国教师发展基金会筹资680万元，资助听力与言语康复学和教育康复学专业建设。本丛书既是听力与言语康复学和教育康复学专业建设的标志性成果，也是华东师范大学、上海中医药大学等研究团队在20多年探索实践与循证研究基础上形成的原创性成果，该成果集学术性、规范性、实践性为一体。丛书编委会与南京师范大学出版社几经磋商，最终确定以"医学·教育康复"这一跨学科的新视野编撰本套丛书。作为"十三五"国家重点图书出版规划项目，本套丛书注重学术创新，体现了较高的学术水平，弥补了"医学·教育康复"领域研究和教学的不足。我相信，丛书的出版对于构建中国特色的"医学·教育康复"学科体系、学术体系、话语体系等具有重要价值。

全套丛书分为三大系列，共22分册。其中："理论基础系列"包括《教育康复学概论》《嗓音治疗学》《儿童构音治疗学》《运动性言语障碍评估与治疗》《儿童语言康复学》《儿童认知功能评估与康复训练》《情绪与行为障碍的干预》《儿童康复听力学》《儿童运动康复学》9分册。该系列以对象群体的生理、病理及心理发展特点为理论基础，分别阐述其在言语、语言、认知、听觉、情绪、运动等功能领域的一般发展规律，系统介绍评估原理、内容、方法和实用的训练策略。

"标准、实验实训系列"为实践应用部分，包括《ICF言语功能评估标准》《综合康复实验》《嗓音治疗实验实训》《儿童构音治疗实验实训》《运动性言语障碍治疗实验实训》《失语症治疗实验实训》《儿童语言治疗实验实训》《普通话儿童语言能力临床分级评估指导》《认知治疗实验实训》《情绪行为干预实验实训》10分册。该系列从宏观上梳理残障群体教育康复中各环节的标准和实验实训问题，为教育工作者和学生的教学、实践提供详细方案，以期为"医学·教育康复"事业的发展拓清道路。该系列经世界卫生组织国际分类家族（WHO-FIC）中国合作中心下的中国言语听觉康复科学与ICF应用研究院授权，基于ICF框架，不仅在理念上而且在实践上都具有创新性。该系列实验实训内容是中国言语康复对标国际，携手全球同行共同发展的标志。

"儿童综合康复系列"为拓展部分，包括《智障儿童教育康复的原理与方法》《听障儿童教育康复的原理与方法》《孤独症儿童教育康复的原理与方法》3分册。该系列选取最普遍、最典型、最具有教育康复潜力的三类残障儿童，根据其各自的特点，整合多项功能评估结果，运用多种策略和方法，对儿童实施协调、系统的干预，以帮助残障儿童实现综合康复的目标。各册以"医教结合、综合康复"理念为指导，注重原理与方法的创新，系统介绍各类残障儿童的特点，以综合的、融合的理念有机处理各功能板块之间的关系，最终系统制订个别化干预计划，并提供相关服务。

在丛书的编写过程中，我们始终秉承"言之有据、操之有物、行之有效"的学科理念，注重理论与实践相结合、康复与教育相结合、典型性与多样性相结合，注重学科分领域的互补性、交叉性、多元性与协同性，力求使丛书具备科学性、规范性、创新性、实操性。

本套丛书不仅可以作为"医学类"听力与言语康复学、康复治疗学等专业的教材，同时也可以作为"教育学类"教育康复学、特殊教育学等专业的教材；既可供听力与言语康复学、康复治疗学、教育康复学、特殊教育学、言语听觉康复技术等专业在读的专科生、本科生、研究生学习使用，也可作为医疗机构和康复机构的康复治疗师、康复医师、康复教师和护士的临床工作指南。本套丛书还可作为言语康复技能认证的参考书，包括构音ICF-PCT疗法认证、言语嗓音ICF-RFT疗法认证、孤独症儿童ICF-ESL疗法认证、失语症ICF-SLI疗法认证等。

全体医疗康复和教育康复的同仁，让我们谨记："空谈无益，实干兴教。"希望大家携起手来，脚踏实地，求真务实，为中国康复医学、特殊教育的美好明天贡献力量！

博士（美国华盛顿大学）
华东师范大学中国言语听觉康复科学与ICF应用研究院院长
华东师范大学听力与言语康复学专业教授、博导
华东师范大学教育康复学专业教授、博导

2020年7月28日

前言

语言是一个复杂的问题，当我们拟对语言障碍儿童的语言能力进行干预时，首先必须明确该儿童当前所处的语言发展阶段以及与同龄儿童之间的差距。这一切需要翔实的数据支撑。评价儿童语言发展水平的重要方法是用标准化的评估工具对儿童的语言能力进行全面的评估。到目前为止，国内针对语言障碍儿童的语言能力评估工具数量很少，现有的评估工具如语言发育迟缓鉴定法（S-S法）、台湾林宝贵教授等编制的学前儿童语言障碍评量表（2007修订版）中，一方面很少有覆盖全语言发展体系的评估工具，另一方面评估内容缺少大陆儿童的常模，或者使用成本较高，无法普及使用等。

鉴于此，我们团队自2013年以来一直致力于开发适合汉语普通话体系下的儿童语言评估工具。本书介绍了普通话儿童语言能力临床分级评估工具的标准化编制过程，详细说明了主测验（词语理解能力、词语命名能力、句子理解能力、句式仿说能力、看图叙事能力）及辅助测验（前语言沟通技能、语音感知能力、语音产生能力、模仿句长能力）的评估方法及计分方式，并通过个案举例分析评估结果。该评估工具主要适用于语言能力在3—6岁的儿童。若儿童实际年龄超过6岁，而语言年龄尚在3—6岁，则可参照分级标准进行评价。该量表可供各级医院、康复机构、特殊教育学校、民政福利机构、普通学校资源教室等使用。

评估工具的编制是一项任务艰巨的工程，该项工作是多人协同努力的结果。本量表的完成，首先感谢黄昭鸣教授、孙喜斌教授、杜晓新教授等给予的指点和帮助。其次，感谢我的硕、博士研究生团队。他们是博士研究生张云舒、任登峰、武慧多、郭强、刘敏、陈思齐；硕士研究生陈丽、严舒、周谢玲、周文苑、龚娇娇、王珩超、林青、王丹、范顺娟、张艳丽、段弘艳、贺晓琴、莫思霞、梁洲昕、王艳霞、陶仁霞、郝昱、黄婷、陈珊珊、张凯莉、李明英、薛炜、金黎明、范慧敏、姚权、马乃吉、邹玮、岳姣姣等。因为他们的努力，评估工具中的每一个评估项目才得以诞生，而评估项目的科学性，也在他们脚踏实地的数据采集与分析过程中逐步完善。感谢为此评估工具提供数据支持和配合的启英幼儿园、爱博幼儿园、碧城联明幼儿园和航华幼儿园。本书的撰写尤其感谢武慧多和梁洲昕两位同学的努力。

　　本书即将付梓之际，我们特别感谢南京师范大学出版社徐蕾总编的厚爱，感谢晏娟编辑的支持。然而，由于儿童语言康复在我国尚处于发展期，我们对该新兴学科领域的理论和研究方法仍需深入探索，因而本评估工具仍存在诸多不足之处，恳请广大读者批评指正。

刘巧云

2020 年 4 月 28 日于华东师范大学

目录

CONTENTS

一、引言   001

二、普通话儿童语言能力临床分级评估量表介绍   002
    （一）适用对象   002
    （二）量表架构   002

三、主测验的编制及标准化   005
    （一）主测验的编制   006
    （二）主测验的标准化   019

四、辅助测验的编制及参考标准   026
    （一）前语言沟通技能测验项目的编制及参考标准   026
    （二）语音感知能力测验项目的编制及参考标准   027
    （三）语音产生能力测验项目的编制及参考标准   028
    （四）模仿句长能力测验项目的编制及参考标准   031

五、测验内容及方法
- 033
- 034　（一）主测验的测验内容及方法
- 049　（二）辅助测验的测验内容及方法

六、评估结果分析
- 058
- 058　（一）标准化测验结果分析
- 060　（二）目标参照测验结果分析

七、评估个案举例
- 060
- 060　（一）基本信息
- 061　（二）评估结果
- 077　（三）结果分析

八、附表
- 079
- 079　（一）分数换算表
- 085　（二）普通话儿童语言能力临床分级评估报告单
- 086　（三）普通话儿童语言能力临床分级评估记录表
- 103　（四）句式仿说能力测验中常见的评分举例
- 115　（五）儿童和家庭基本信息登记表
- 117　（六）儿童现状描述表
- 122　（七）儿童兴趣调查表

主要参考文献
- 124
- 124　一、中文文献
- 124　二、英文文献

一、引言

沟通是指人与人之间利用各种媒介（如口语、书面语、表情、手势、图片等）进行信息交换的过程。语言是一种作为社会交际工具的符号系统，一旦出现问题，会对人际沟通、交流造成显著影响。美国言语语言与听力协会（ASHA，1993）将语言障碍定义为：在理解和（或）使用口语、书面语以及（或）其他符号系统时存在障碍。这种障碍可能包括以下三方面中的一项或者多项：① 语言的形式（语音、词法、句法）。② 语言的内容（语义）。③ 语言的运用（语用）。语言障碍的人群年龄段分布极广，在各个年龄段均可能患有语言障碍。根据1998年度美国教育部对国会的报告书推算，6—17岁的儿童中接受言语或语言障碍康复教育的人数占2.28%。[①]同年，韦瑟比（Wetherby）研究发现，约有10%—15%的学龄儿童出现言语、语言或听力问题。1999年，施里伯格（Shriberg）等报告2岁儿童言语—语言障碍发生率高达17%，6岁儿童言语—语言障碍发生率为3%—6%。[②]1980年英国的一项大规模调查发现，在7 000名受试儿童中有8%出现严重的语言问题，另外18%出现轻度的语言问题。[③]虽然上述调查结果采用了不同的鉴定工具、界定标准和调查方式，所得出的比例不相同，但均表明语言障碍的出现率相当高。据国家统计局报告，2014年我国共有0—14岁儿童22 558万人，按最低3%的言语—语言障碍发生率估算，我国学前及学龄段言语—语言障碍儿童约有677万人，其中0—4岁儿童约234万，5—9岁儿童约230万，10—14岁儿童约213万人。[④]

学前期是儿童语言发展的关键期，也是对语言障碍儿童实施干预的最佳时期。因此，早发现、早干预就显得尤为重要。判断一个儿童到底是否存在语言障碍或是处于哪一阶段水平的语言能力，需要一套科学的评估工

---

① ③ 锜宝香.儿童语言障碍[M].北京：首都师范大学出版社，2016：19.
② Shriberg L D, Tomblin J B, McSweeny J L. Prevalence of Speech Delay in 6-Year-Old Children and Comorbidity With Language Impairment[J]. Journal of Speech, Language, and Hearing Research, 1999, 42（6）: 1 461–1 481.
④ 黄昭鸣.我国言语—语言障碍康复现状及发展策略[J].中国听力语言康复科学杂志，2016，14（2）：84-87.

具。一套系统化、标准化的评价工具不仅能了解儿童当前的语言能力水平，还能为儿童的康复方案提供依据。

二、普通话儿童语言能力临床分级评估量表介绍

视频
普通话儿童语言
能力临床分级评
估量表介绍

普通话儿童语言能力临床分级评估量表是以正常发展的儿童语言发育进程为主要参考依据，结合普通话特色，按照前语言沟通技能以及构成语言的语音、语义、语法及语用等基本要素建构而成的一套普通话儿童语言能力临床分级评估工具，旨在利用大量图片和实物材料等，从视觉、听觉、触觉等感官通道，对儿童的语言理解能力和语言表达能力进行综合评估。该量表有助于鉴别儿童是否存在语言发展障碍、确定其障碍类型和程度，并提示其应首先接受哪一阶段的语言康复训练。

（一）适用对象

普通话儿童语言能力临床分级评估量表主要适用于语言能力在3—6岁的儿童，包括听力障碍、孤独症谱系障碍、智力落后等语言障碍儿童。该评估量表可供各级医院、康复机构、特殊教育学校、民政福利机构、普通学校资源教室等使用。

（二）量表架构

普通话儿童语言能力临床分级评估量表按照儿童语言发展顺序，评估儿童前语言沟通、语音感知、语音产生、模仿句长、词语理解、词语命名、句子理解、句式仿说和看图叙事九个方面的语言能力。该量表包含两大板块，第一大板块为主测验板块，为标准化测验；第二大板块为辅助测验板块，为目标参照测验。其中，主测验板块包括词语理解能力测验、词语命名能力测验、句子理解能力测验、句式仿说能力测验和看图叙事能力测验等五个测验，反映儿童在语言理解、语言表达以及语言的综合运用三

个方面的能力；辅助测验板块包括前语言沟通技能测验、语音感知能力测验、语音产生能力测验和模仿句长能力测验等四个测验，反映儿童的前语言沟通能力、语音能力和语言记忆能力。

1. 主测验板块

（1）词语理解能力测验

词语理解能力是指儿童对实词中常见的名词、动词和形容词的理解能力。按照儿童的词语习得规律，结合各年龄特点，选取日常生活中具有代表性的名词、动词、形容词等词语，并配套了色彩丰富、贴近生活场景的图片，形成了词语理解能力测验。该测验共35个题项（原测验共40个题项，经项目分析后删除区分度较低的5个题项，正式测验题项为35个），考查儿童对词语的理解能力，为判断儿童词语理解能力的发展水平和干预起点提供了科学有效的依据。

（2）词语命名能力测验

词语命名是语言发展过程中的一个重要环节，是在一定认知基础上从语言理解到语言表达的重要过渡，是儿童能够用语言对看到、听到、闻到或触摸到的东西贴标签的过程。词语命名能力测验共65个题项（原测验共68个题项，经项目分析后删除区分度较低的3个题项，正式测验题项为65个），通过要求儿童按照指导语对所提供的图片进行命名，考查儿童对名词、动词、形容词和量词的命名能力。

（3）句子理解能力测验

句子理解能力是指儿童能够将句中关键信息进行整合，从而理解句子的含义，并进行恰当回应的能力。句子理解能力测验以汉语的语法结构为依据，遵循汉语语法构建规则和儿童语言发展规律，主要考查儿童对包括无修饰句、简单修饰句和特殊句式等在内的常用句式的理解能力。其中，简单修饰句包括含一个或两个修饰成分的修饰句；特殊句式包括非可逆句、可逆句、"把"字句、"被"字句以及比较句等。该测验共23个题项，其目的在于考查儿童对句子的理解能力。

（4）句式仿说能力测验

句式是指句子的语法结构形式，即由一定语法形式显示的表示一定语法意义的句子的结构形式。具体可表述为由词类序列、特定词（或特征字）、固定格式、语调等形式显示的包含句法结构和语义结构以及语用功能的句子的抽象结构形式。句式仿说能力测验遵循汉语语法构建规则和儿童语言发展规律，主要考查儿童对常用句式，包括无修饰句、简单修饰句（含一个或两个修饰成分）、特殊句式和复句等几种句式的语法结构的提取与迁移能力，每种句式从语法和语义两个方面进行评估，建立句子表达分级评估体系。该测验共30个题项，目的在于考查儿童提取句子结构并结合句子内容进行表达的能力。

（5）看图叙事能力测验

叙事，又称说故事，是一种脱离语境对事件进行有组织的表述的语言能力。看图叙事能力测验遵循儿童叙事能力发展规律，从故事内容、时间、地点、人物、叙事的顺序、句法、故事的宏观结构、韵律感、清晰度等方面对叙事能力进行考查，以此建立起叙事能力的分级评估体系。该测验共包含两个小故事，每一个故事有四张图片，要求儿童对每一个故事进行分篇讲述和整体讲述，目的在于考查儿童整合信息和叙述一段事情的能力。

2. 辅助测验板块

（1）前语言沟通技能测验

前语言沟通技能是指前语言期儿童的沟通能力，是儿童学习语言前的必要准备。前语言沟通技能要求儿童能够协调对人和环境的注意，恰当回应外界刺激，并利用眼神、表情、手势动作等非口语形式发起沟通和表达的需求。该测验共8个题项，从沟通动机、要求技能、共同注意和模仿技能四个方面的前语言沟通能力对儿童进行考查。其目的在于考查儿童对环境中事物的关注能力，为对特殊儿童进行前语言沟通技能康复训练提供依据。

（2）语音感知能力测验

语音是语言形式中的一个重要语言要素，语音感知是指大脑对经由听觉器官传导而来的声波进行语音识别的过程。听者由感知系统接受刺激后，先进行初步的分析，再找出语音的音位学特性进行编码，然后依据记忆系统中相关的语音知识，对信息进行整合，完成对语音的识别和理解。同时，语音感知能力还是获得语音产生能力的基础。语音感知能力测验共25个题项，每个题项中的一组词只在一个音位上有差异。该测验的目的在于考查儿童分辨和识别最小音位差异的能力。词表中语音出现的概率与日常生活中出现的概率相一致。

（3）语音产生能力测验

作为语言形式的重要语言要素之一，语音的产生要求儿童能够利用发声器官，通过组织、协调、控制相关肌群，从而产生各种声音，是有声语言的外在表现形式。语音产生能力测验共27个题项，目的在于考查儿童对声母、韵母、声调的表达能力，为对特殊儿童进行语音康复训练提供依据。

（4）模仿句长能力测验

句长是指儿童能够表达的句子的长度，以字为单位。模仿句长能力是指儿童完整复述以听觉通道输入的完整句子的能力。模仿句长能力测验共16个题项，其目的是考查儿童对句子的记忆及完整复述的能力。

三、主测验的编制及标准化

普通话儿童语言能力临床分级评估量表编制的主要目的在于鉴别学前儿童是否存在语言发展障碍，并且能够进一步确定其在语言的哪些方面存在障碍以及障碍程度。因此，首先应以正常学前儿童群体的语言发展水平作为参照标准。普通话儿童语言能力临床分级评估量表根据正常儿童语言发展规律，全面参考普通幼儿园及特殊学校语言类教材，综合家长、幼儿园及教育学、心理学专家的意见，本着既精练又能够充分反映儿童发展水平的原则，经多次筛选、试测，选出适合正常3—6岁儿童发展水平的测试材料。采取分层抽样的方法，抽取上海市四所普通幼儿园（其中一级园2个，二级园2个）中的3—6岁正常儿童共60人作为被试，然后对其进行词语理解、词语命名、句子理解、句式仿说、看图叙事等5个测验的预测。被试样本情况如表3-0-1所示。主试，即评估者，为经过专门培训的华东师范大学硕士及博士研究生。其中，3:0—3:11组是指儿童的年龄在3岁0个月到3岁11个月之间，4:0—4:11组是指儿童的年龄在4岁0个月到4岁11个月之间，5:0—5:11组是指儿童的年龄在5岁0个月到5岁11个月之间。

表 3-0-1　预测被试情况分布

项　目	被试分组			
	3:0—3:11组	4:0—4:11组	5:0—5:11组	总人数（人）
男（人）	10	10	10	30
女（人）	10	10	10	30
合计（人）	20	20	20	60
占总人数的百分比（%）	33.33	33.33	33.33	100.00

注：因为计算的精确度问题，本书中百分比的总和与各分值之间可能存在 0.01 左右的出入，特此说明。

（一）主测验的编制

1. 词语理解能力测验编制及项目分析

（1）测验编制

词语理解能力主要是指儿童能够理解并正确指认与目标词相匹配的事物的能力。词语理解能力测验最初由华东师范大学教育康复学系李孝洁、黄昭鸣[①]等人编制，测验材料主要有三个方面的来源：一是上海市二期课程改革后的幼儿园教材，二是特殊儿童语言康复教材，三是关于儿童语言发展的研究文献。根据儿童词语习得的规律，由教育学专家、幼儿教师、特殊儿童教师在综合考虑正常儿童习得情况、语言发育迟缓儿童掌握情况以及图片可呈现性等特点后，选出包含名词、动词、形容词三类在内的共 69 个词语，编制成词语理解能力预测验。考虑到儿童的兴趣以及表达的直观性，该测验选用了彩色的实物照片，并由幼儿园教师对照片进行考查，确定照片能清楚明白地表达词语的含义并能为儿童所接受。同时，研究人员用标准普通话录制了测验指导语，并用软件将图片与指导语进行合成，制作成评估软件。施测时，电脑屏幕呈现四张彩色照片，并自动播放目标词的发音，被试在听到目标词后点击电脑屏幕即可进行选择。测验采用 0、1 计分法，正确指认得 1 分，错误得 0 分。为了让儿童明白测验程序，在

---

① 李孝洁. 语言发育迟缓儿童词语理解与表达能力的应用研究 [D]. 上海：华东师范大学，2009.

正式测验前由评估者提供两道例题以供儿童练习。该测验共进行了两次预测验。第一次预测验选取上海市徐汇区科技幼儿园、实验幼儿园以及静安区民办小小虎幼稚园共138名正常儿童作为预测对象，共筛选出40个题项，其中名词23个，占比57.50%；动词12个，占比30.00%；形容词3个，占比7.50%；量词2个，占比5.00%。由于第一次预测验样本中缺少4岁半到6岁之间的被试，刘巧云等人又在此基础上进行了第二次预测验，以下测验项目分析为第二次预测验的项目分析结果。根据项目分析结果，对题项进行筛选，最终得出包含35个题项的正式测验。

（2）项目分析

① 难度。

由于该测验用0、1计分法，因此采用通过率的方法计算每个题项的难度系数，通过率越高，难度越低。此外，由于测验采用四选一的测验形式，为平衡猜测概率对测验难度的影响，刘巧云等人用如下难度校正公式对难度系数进行校正：

$$CP = \frac{KP-1}{K-1}$$

其中，CP 为校正后的通过率，P 为实际通过率，K 为备选答案数目，结合分析做出筛选后的结果如表3-1-1所示。

表3-1-1　词语理解能力测验项目难度

题号	3:0—3:11组	4:0—4:11组	5:0—5:11组	总通过率	校正后的总通过率	题号	3:0—3:11组	4:0—4:11组	5:0—5:11组	总通过率	校正后的总通过率
1	0.99	1.00	1.00	1.00	0.99	10	0.85	0.97	1.00	0.94	0.92
2	0.96	1.00	0.99	0.98	0.97	11	0.91	0.96	0.94	0.94	0.92
3	0.96	0.99	0.99	0.98	0.97	12	0.79	1.00	1.00	0.93	0.91
4	0.91	1.00	1.00	0.97	0.96	13	0.81	0.99	1.00	0.93	0.91
5	0.94	0.97	1.00	0.97	0.96	14	0.90	0.91	0.97	0.93	0.91
6	0.94	0.97	0.99	0.97	0.96	15	0.79	0.97	0.99	0.92	0.89
7	0.90	0.97	1.00	0.96	0.94	16	0.82	0.94	0.99	0.92	0.89
8	0.87	1.00	1.00	0.96	0.94	17	0.87	0.90	0.94	0.90	0.87
9	0.85	0.97	1.00	0.94	0.92	18	0.82	0.80	0.91	0.84	0.79

续表

题号	3:0—3:11组	4:0—4:11组	5:0—5:11组	总通过率	校正后的总通过率	题号	3:0—3:11组	4:0—4:11组	5:0—5:11组	总通过率	校正后的总通过率
19	0.62	0.91	0.97	0.83	0.78	28	0.41	0.87	0.90	0.73	0.64
20	0.60	0.94	0.94	0.83	0.77	29	0.59	0.79	0.79	0.72	0.63
21	0.74	0.90	0.79	0.81	0.75	30	0.44	0.79	0.84	0.69	0.59
22	0.72	0.80	0.88	0.80	0.73	31	0.50	0.74	0.78	0.67	0.55
23	0.57	0.86	0.94	0.79	0.72	32	0.54	0.71	0.74	0.67	0.55
24	0.69	0.86	0.81	0.79	0.72	33	0.43	0.73	0.75	0.64	0.51
25	0.57	0.83	0.94	0.78	0.71	34	0.54	0.57	0.72	0.61	0.48
26	0.62	0.83	0.87	0.77	0.70	35	0.41	0.61	0.54	0.52	0.37
27	0.56	0.80	0.88	0.75	0.66						

校正后的总通过率不小于0.90的题项共14个，通过率介于0.70—0.90（前包含，后不包含）的共12个，介于0.31—0.70（前包含，后不包含）的共9个。就标准化测验而言，如果一个测验的大多数项目的难度范围为0.31—0.70，测验就能够最大限度地获得有关个体间差异的信息。[①]但由于词语理解能力处于语言能力发展的较早阶段，且该测验编制的目的主要是能够有效鉴别出具有语言障碍的儿童，因此对于正常儿童而言，较之于其他几个分测验，该测验题项难度相对较低，所选项目主要为多数正常儿童能够理解的词汇。从不同年龄组的通过率来看，35个题项中有31个的通过率随年龄升高呈上升趋势，其余题项通过率随年龄升高而回落，对这部分题项将结合区分度情况做出取舍。

② 区分度。

由于词语理解能力测验题项总体难度偏低，我们采用各题项得分与量表总分的相关性来考查词语理解能力测验的项目区分度。同时，本书通过 p 值检验来测量变量之间相关关系的显著性水平。在预测验的40个题项

---

① [美]卡普兰（Kaplan, R. M.）. 心理测验：原理、应用及问题[M]. 赵国祥，等译. 5版. 西安：陕西师范大学出版社，2005：113.

中,有35个题项得分与总分呈显著或极其显著相关关系。将5个得分与总分相关但不显著的题项剔除,最终得到由35个题项组成的正式的词语理解能力测验,结果如表3-1-2所示。

表3-1-2 词语理解能力测验各题项得分与总分的相关性

题号	相关系数	p	题号	相关系数	p	题号	相关系数	p	题号	相关系数	p
1	0.170	0.013	10	0.290	0.000	19	0.540	0.000	28	0.540	0.000
2	0.180	0.010	11	0.190	0.006	20	0.470	0.000	29	0.300	0.000
3	0.150	0.034	12	0.530	0.000	21	0.320	0.000	30	0.440	0.000
4	0.290	0.000	13	0.380	0.000	22	0.310	0.000	31	0.350	0.000
5	0.230	0.001	14	0.280	0.000	23	0.470	0.000	32	0.270	0.000
6	0.280	0.000	15	0.340	0.000	24	0.310	0.000	33	0.490	0.000
7	0.250	0.000	16	0.380	0.000	25	0.540	0.000	34	0.300	0.000
8	0.320	0.000	17	0.260	0.000	26	0.330	0.000	35	0.340	0.000
9	0.370	0.000	18	0.210	0.003	27	0.490	0.000			

注:$p<0.05$,表示相关且显著;$p<0.01$,表示相关且极其显著。

2. 词语命名能力测验编制及项目分析

(1)测验编制

词语命名能力是指儿童能够对事物或者事物图片及模型的名称、所呈现的状态进行正确命名的能力。对词语进行正确的命名是儿童习得词语的重要标志之一。词语命名能力测验[①]最初由华东师范大学教育康复学系2016届硕士毕业生张艳丽等人编制,测验材料主要来源于孙喜斌教授主持编写的听障儿童语言能力等级词汇量表、郑静总结的学前儿童常用词汇表、梁卫兰版本的中文早期语言与沟通发展量表——普通话版以及听觉口语1 000词等词表。张艳丽等人对不同年龄段的儿童词语发展规律进行归纳总结,初步确定了不同年龄段儿童词语发展的数量和具体内容。从其总结的儿童词汇命名分级词表中的1 600个词语中,按照每个年龄段抽取

---

① 张艳丽.儿童词汇命名词表的编制及其在听障儿童中的应用研究[D].上海:华东师范大学,2016.

各类词汇数量的10%共160个词，形成预测验。词语命名能力测验采取问答的形式，通过图片呈现目标词，展现儿童生活中常见的事物或事物状态。评估者按照规定的指导语对儿童进行提问，儿童则按照指导语结合所给图片进行命名，评估者在记录表中记录儿童命名的情况。为了让儿童理解测验程序，在正式测验前有两道例题供儿童练习。该测验进行了两次预测，第一次抽取了上海市静安区民办小小虎幼稚园、长宁区虹谷路第二幼儿园、普陀区早教中心等三所不同区域和不同级别的幼儿园（一级园、二级园）以及早教中心共60名儿童进行预测验。最终筛选出65个词语，其中名词33个，占比50.77%；动词15个，占比23.08%；形容词16个，占比24.62%；量词1个，占比1.54%。由于第一次预测对象中缺少4岁半到6岁这一年龄段的样本，因此，刘巧云等人又在此基础上加入所缺年龄段样本进行了第二次预测验，并且计分方式也由原来的0、1、2计分改为0、1计分，使得该测验在操作上更为简单实用。以下为第二次预测验的项目分析结果。

（2）项目分析

① 难度。

词语命名能力测验采用0、1计分法，因此该测验也采用通过率的方法计算每个题项的难度系数。由于该测验的测验形式是要求儿童对图片内容进行命名，不存在猜测现象，因此无须进行难度校正。结合分析做出筛选后，各题项的不同年龄组及总的难度系数结果通过表3-1-3中的总通过率表示。

表3-1-3 词语命名能力测验项目难度

题号	3:0—3:11组	4:0—4:11组	5:0—5:11组	总通过率	题号	3:0—3:11组	4:0—4:11组	5:0—5:11组	总通过率
1	0.94	0.99	1.00	0.98	8	0.87	0.97	0.99	0.94
2	0.94	0.99	1.00	0.98	9	0.85	0.97	0.99	0.94
3	0.93	1.00	1.00	0.98	10	0.85	0.97	0.99	0.94
4	0.91	1.00	1.00	0.97	11	0.81	0.99	0.99	0.93
5	0.88	0.99	1.00	0.96	12	0.81	0.96	0.97	0.91
6	0.91	0.97	0.97	0.95	13	0.81	0.93	0.97	0.90
7	0.87	1.00	0.97	0.95	14	0.71	0.99	0.96	0.88

续表

题号	3:0—3:11组	4:0—4:11组	5:0—5:11组	总通过率	题号	3:0—3:11组	4:0—4:11组	5:0—5:11组	总通过率
15	0.72	0.99	0.90	0.87	41	0.31	0.71	0.84	0.62
16	0.74	0.87	0.93	0.84	42	0.46	0.71	0.60	0.59
17	0.74	0.93	0.85	0.84	43	0.32	0.73	0.69	0.58
18	0.69	0.94	0.87	0.83	44	0.37	0.59	0.78	0.58
19	0.63	0.90	0.96	0.83	45	0.22	0.70	0.76	0.56
20	0.68	0.89	0.93	0.83	46	0.15	0.63	0.85	0.54
21	0.75	0.83	0.90	0.83	47	0.18	0.57	0.87	0.54
22	0.60	0.89	0.96	0.82	48	0.24	0.71	0.60	0.52
23	0.60	0.89	0.96	0.82	49	0.26	0.59	0.66	0.50
24	0.69	0.89	0.87	0.82	50	0.35	0.44	0.51	0.44
25	0.59	0.86	0.94	0.80	51	0.13	0.43	0.68	0.41
26	0.62	0.86	0.88	0.79	52	0.40	0.39	0.44	0.41
27	0.60	0.79	0.94	0.78	53	0.22	0.44	0.56	0.41
28	0.40	0.93	0.96	0.76	54	0.10	0.31	0.60	0.34
29	0.53	0.80	0.91	0.75	55	0.13	0.41	0.49	0.35
30	0.49	0.86	0.90	0.75	56	0.09	0.40	0.50	0.33
31	0.56	0.81	0.84	0.74	57	0.13	0.39	0.44	0.32
32	0.56	0.77	0.84	0.72	58	0.04	0.30	0.44	0.26
33	0.47	0.77	0.90	0.71	59	0.15	0.27	0.32	0.25
34	0.43	0.83	0.88	0.71	60	0.07	0.24	0.35	0.22
35	0.44	0.84	0.82	0.70	61	0.03	0.24	0.29	0.19
36	0.63	0.66	0.79	0.69	62	0.10	0.10	0.34	0.18
37	0.72	0.41	0.87	0.67	63	0.04	0.17	0.31	0.17
38	0.50	0.67	0.85	0.67	64	0.07	0.09	0.34	0.17
39	0.38	0.77	0.85	0.67	65	0.01	0.04	0.09	0.05
40	0.25	0.79	0.87	0.64					

总通过率不小于0.90的题项有13项，通过率介于0.70—0.90（前包含，后不包含）的共22项，介于0.31—0.70（前包含，后不包含）的共22项，0.30及以下的共有8项。由此可见，对于正常儿童而言，该测验预测项目难度分布总体上比较均衡。从年龄分组来看，有53个题项的通过率随年龄升高呈上升趋势；有12个题项的通过率随年龄升高呈回落趋势，

其中，除第 37、42、48 题的通过率回落幅度较大外，其他 9 个题项的回落低于 0.1。该测验中将结合项目区分度情况对这 12 个题项做出取舍。

② 区分度。

采用各题项得分与量表总分的相关性来考查词语命名能力测验的项目区分度，结果如表 3-1-4 所示。65 个题项得分与总分均呈显著或极其显著相关关系，以此形成正式的词语命名能力测验。

表 3-1-4　词语命名能力测验各题项得分与总分的相关性

题号	相关系数	p	题号	相关系数	p	题号	相关系数	p	题号	相关系数	p
1	0.190	0.006	18	0.370	0.000	35	0.520	0.000	52	0.250	0.000
2	0.140	0.038	19	0.550	0.000	36	0.380	0.000	53	0.310	0.000
3	0.310	0.000	20	0.440	0.000	37	0.150	0.029	54	0.460	0.000
4	0.250	0.000	21	0.240	0.000	38	0.420	0.000	55	0.400	0.000
5	0.380	0.000	22	0.520	0.000	39	0.650	0.000	56	0.520	0.000
6	0.310	0.000	23	0.580	0.000	40	0.690	0.000	57	0.410	0.000
7	0.310	0.000	24	0.410	0.000	41	0.580	0.000	58	0.510	0.000
8	0.300	0.000	25	0.560	0.000	42	0.380	0.000	59	0.300	0.000
9	0.280	0.000	26	0.220	0.001	43	0.430	0.000	60	0.410	0.000
10	0.320	0.000	27	0.530	0.000	44	0.490	0.000	61	0.320	0.000
11	0.430	0.000	28	0.690	0.000	45	0.670	0.000	62	0.310	0.000
12	0.330	0.000	29	0.510	0.000	46	0.650	0.000	63	0.400	0.000
13	0.260	0.000	30	0.470	0.000	47	0.690	0.000	64	0.290	0.000
14	0.330	0.000	31	0.430	0.000	48	0.510	0.000	65	0.210	0.003
15	0.530	0.000	32	0.500	0.000	49	0.520	0.000			
16	0.440	0.000	33	0.550	0.000	50	0.400	0.000			
17	0.170	0.013	34	0.640	0.000	51	0.520	0.000			

注：$p < 0.05$，表示相关且显著；$p < 0.01$，表示相关且极其显著。

3. 句子理解能力测验编制及项目分析

（1）测验编制

句子理解能力是指儿童能够将句中关键信息进行整合，完整把握句子的含义，并做出恰当反应的能力。句子理解能力测验的题项由张云舒、刘巧云等人根据汉语的语法结构，遵循汉语语法构建规则和儿童语言发展规律，结合日常生活中常用内容，选取代表性句式，按照分级评估的原则进行编写，最终形成包含 23 个题项的预测验。其中无修饰句 4 个，占比 17.39%；含一个修饰成分的句子 6 个，占比 26.09%；含两个修饰成分的句子 7 个，占比 30.43%；特殊句式 6 个，占比 26.09%。测验形式参考第 5 版的学前儿童语言发展量表（Preschool Language Scales-Fifth Edition）中的句子理解，采取图片四选一的测验形式。其中一张图片为包含所有测验句中的关键元素的目标图片，其他三张为与目标图片相近，但在某一项或多项关键信息上与目标句有差异的干扰项图片。在播放目标句后，让受试者指认与内容相符的目标图片。

（2）项目分析

① 难度。

句子理解能力测验同样采用 0、1 计分法，因此也采用通过率的方法计算每个题项的难度系数。由于该测验也采用四选一的测验形式，因此同样需要对难度系数进行校正，以平衡猜测对通过率的影响。各题项的不同年龄组得分及校正后的难度系数等结果如表 3-1-5 所示。

表 3-1-5　句子理解能力测验项目难度

题号	3:0—3:11组	4:0—4:11组	5:0—5:11组	总通过率	校正后的难度系数	题号	3:0—3:11组	4:0—4:11组	5:0—5:11组	总通过率	校正后的难度系数
1	0.85	1.00	0.96	0.94	0.92	13	0.57	0.80	0.91	0.76	0.68
2	0.74	0.96	0.99	0.89	0.86	14	0.57	0.77	0.90	0.75	0.67
3	0.72	0.94	0.99	0.88	0.84	15	0.57	0.77	0.88	0.74	0.66
4	0.75	0.89	0.93	0.85	0.81	16	0.54	0.83	0.85	0.74	0.66
5	0.69	0.91	0.93	0.84	0.79	17	0.56	0.76	0.81	0.71	0.61
6	0.71	0.83	0.96	0.83	0.77	18	0.46	0.81	0.87	0.71	0.62
7	0.63	0.81	0.97	0.81	0.74	19	0.34	0.69	0.81	0.61	0.48
8	0.68	0.84	0.78	0.77	0.69	20	0.37	0.60	0.69	0.55	0.40
9	0.63	0.84	0.84	0.77	0.70	21	0.26	0.61	0.71	0.53	0.37
10	0.53	0.83	0.94	0.77	0.62	22	0.35	0.51	0.57	0.48	0.31
11	0.60	0.79	0.91	0.77	0.69	23	0.35	0.31	0.38	0.35	0.13
12	0.52	0.81	0.94	0.76	0.68						

校正后通过率大于0.9的题项仅有1个，通过率介于0.70—0.90（前包含，后不包含）的共7个，介于0.31—0.70（前包含，后不包含）的共14个，0.30及以下的共1个。由此可见，该测验总体难度虽然仍较低，但要高于词语理解能力测验的难度，且大部分题项难度范围为0.31—0.70。从各年龄组的通过率来看，有20个题项的通过率随年龄升高呈增高趋势；仅有3个题项出现通过率随年龄升高而回落的现象，但幅度较小。

② 区分度。

采用各题项得分与总分的相关性来考查句子理解能力测验的项目区分度，结果如表3-1-6所示。各题项得分与总分均呈显著或极其显著相关关系，因此保留预测验内全部共23个题项，以此形成正式的句子理解能力测验。

表3-1-6 句子理解能力测验各题项得分与总分的相关性

题号	相关系数	p	题号	相关系数	p	题号	相关系数	p	题号	相关系数	p
1	0.370	0.000	7	0.400	0.000	13	0.460	0.000	19	0.470	0.000
2	0.470	0.000	8	0.270	0.000	14	0.450	0.000	20	0.410	0.000
3	0.540	0.000	9	0.340	0.000	15	0.470	0.000	21	0.590	0.000
4	0.430	0.000	10	0.540	0.000	16	0.540	0.000	22	0.340	0.000
5	0.430	0.000	11	0.420	0.000	17	0.350	0.000	23	0.150	0.028
6	0.370	0.000	12	0.560	0.000	18	0.570	0.000			

注：$p < 0.05$，表示相关且显著；$p < 0.01$，表示相关且极其显著。

4. 句式仿说能力测验编制及项目分析

（1）测验编制

句式仿说能力是指儿童提取和迁移常用句式的语法结构并正确完整地表达语义的能力。句式仿说能力测验的题项是由张云舒、刘巧云等人根据汉语的语法结构，在遵循汉语语法构建规则和儿童语言发展规律的基础上，结合日常生活中的常用内容，合理搭配人物、事件、事物等之间的关系，选取代表性句式，按照分级评估的原则，自行编制成为最终包含30个句子的预测验。其中无修饰句4个，占13.33%；含一个修饰成分的句子6个，占20.00%；含两个修饰成分的句子7个，占23.33%；特殊句式7个，占23.33%；复句6个，占20.00%。测验形式参考句法启动范式（即个体在产生一个句子时，倾向重复使用刚刚加工过的语法结构，如刚刚阅读、听或产生过的句法结构），同时出示两张并列排放的图片，要求儿童根据例句图片（左图）对应的句子结构，结合仿说图片（右图）内容自主表达句子。该测验采用 0、0.5、1、1.5、2 的五点计分法，从句子的语法和语义两个方面来考查儿童句式仿说的能力。

（2）项目分析

① 难度。

句式仿说能力测验采用 0、0.5、1、1.5、2 五个级别计分，因此采取得分率的方法对每个题项进行难度分析。题项难度计算公式如下：

$$p = \frac{\bar{x}}{x_{\max}}$$

预测量表各题项得分率如表 3-1-7 所示。

表 3-1-7　句式仿说能力测验项目难度

题号	3:0—3:11 组	4:0—4:11 组	5:0—5:11 组	总得分率	题号	3:0—3:11 组	4:0—4:11 组	5:0—5:11 组	总得分率
1	0.77	0.96	0.98	0.90	16	0.12	0.64	0.74	0.50
2	0.69	0.97	0.97	0.88	17	0.13	0.49	0.72	0.45
3	0.51	0.89	0.91	0.77	18	0.11	0.54	0.62	0.43
4	0.56	0.79	0.96	0.77	19	0.19	0.50	0.58	0.42
5	0.46	0.86	0.94	0.75	20	0.20	0.43	0.62	0.41
6	0.46	0.89	0.88	0.75	21	0.11	0.51	0.61	0.41
7	0.43	0.86	0.92	0.74	22	0.13	0.42	0.62	0.39
8	0.41	0.86	0.93	0.73	23	0.14	0.47	0.56	0.39
9	0.46	0.75	0.88	0.70	24	0.16	0.46	0.49	0.37
10	0.37	0.74	0.87	0.66	25	0.18	0.44	0.47	0.37
11	0.26	0.75	0.90	0.64	26	0.10	0.35	0.52	0.32
12	0.31	0.62	0.73	0.55	27	0.11	0.33	0.45	0.30
13	0.17	0.62	0.78	0.52	28	0.03	0.26	0.51	0.27
14	0.19	0.62	0.74	0.52	29	0.08	0.22	0.35	0.22
15	0.17	0.58	0.76	0.50	30	0.05	0.21	0.41	0.22

题项总得分率介于 0.71—0.90（前后均包含）的共 8 个，介于 0.31—0.70（前后均包含）的共 18 个，不大于 0.30 的共 4 个，但这 4 个题项得分率均介于 0.20—0.30（前后均包含）之间，无难度过大的题项。从各年

龄组的得分率来看，所有题项的得分率随年龄升高呈上升趋势。

② 区分度。

采用各题项得分与总分的相关性来考查句式仿说能力测验的项目区分度，结果如表3-1-8所示，各题项得分与总分均呈极其显著相关关系。因此保留预测验全部30个题项，以此形成正式的句式仿说能力测验。

表3-1-8　句式仿说能力测验各题项得分与总分相关性

题号	相关系数	p	题号	相关系数	p	题号	相关系数	p	题号	相关系数	p
1	0.500	0.000	9	0.610	0.000	17	0.650	0.000	25	0.490	0.000
2	0.580	0.000	10	0.640	0.000	18	0.650	0.000	26	0.650	0.000
3	0.610	0.000	11	0.780	0.000	19	0.630	0.000	27	0.700	0.000
4	0.590	0.000	12	0.660	0.000	20	0.540	0.000	28	0.610	0.000
5	0.690	0.000	13	0.700	0.000	21	0.730	0.000	29	0.490	0.000
6	0.610	0.000	14	0.690	0.000	22	0.640	0.000	30	0.550	0.000
7	0.640	0.000	15	0.720	0.000	23	0.670	0.000			
8	0.650	0.000	16	0.710	0.000	24	0.630	0.000			

注：$p < 0.05$，表示相关且显著；$p < 0.01$，表示相关且极其显著。

5. 看图叙事能力测验编制及项目分析

（1）测验编制

看图叙事能力是一种根据一组图片中所呈现的故事，对事件进行有组织的表述的语言能力。看图叙事能力测验的测验材料，是由梁洲昕、刘巧云等人参考学前儿童的绘本、故事书、图卡集和漫画等材料，结合3—5岁正常儿童认知水平，根据正常儿童叙事能力发展的一般规律所编写的，共编写了10个故事。随后经心理学专家、教育学专家、家长、幼儿园及早教中心的教师对故事内容进行审核，从10个故事中选择了《做客》和《月亮船》这两个既不脱离儿童的生活实际，又可以充分发挥儿童的想象力的故事作为看图叙事能力测验的预测内容。在幼儿园中，叙事的教学往往借助于一定的形式进行，如展示图片、使用手偶之类的实物玩具、绘画等。相关文献研究表明，以使用手偶为主要诱发方式的测验比较适用于小班儿童，以绘画作为诱发方式的测验比较适合大、中班的儿童，而展示图片的诱发方式适用的年龄段较广，在幼儿园的日常教学中也最常使用。此外，国内外对儿童叙事能力的评估一般以图片诱发方式为主。因此，该测验选用以图片为凭借物来评估儿童的叙事能力。

测验材料为自行绘制的以《做客》和《月亮船》为主要内容的图片集。每一个故事分别包含5张图片，前4张图片为分图讲述的评估材料，第5张图片将前4张图片按顺序整合在一起，作为整体讲述的评估材料。在图片绘制完成后，由教育学专家、幼儿园及早教中心的教师、语言康复师对图片进行评估，根据其意见调整部分画面细节，以便图片能清楚明白地表达故事内容并能为儿童所接受。该测验中的两个故事从故事的时间、地点、人物、故事讲述的顺序性、句法、故事内容的完整和连贯性、故事的宏观结构、文字的韵律感、清晰度等方面对叙事能力进行了考查。由于不同测验项在整个看图叙事中的权重有所不同，因此不同的测验题项的得分从1分到4分不等。

（2）项目分析

① 难度。

在看图叙事能力测验中，由于不同题项在叙事能力测验得分中所占的权重有所不同，因此采用得分率的方式来对各题项难度进行分析。看图叙事能力测验的预测项目得分率结果如表3-1-9所示。

表3-1-9　看图叙事能力测验项目难度

题号	3:0—3:11组	4:0—4:11组	5:0—5:11组	总得分率	题号	3:0—3:11组	4:0—4:11组	5:0—5:11组	总得分率
1	0.37	0.50	0.56	0.48	11	0.32	0.74	0.87	0.64
2	0.18	0.43	0.57	0.39	12	0.43	0.79	0.91	0.71
3	0.16	0.31	0.35	0.28	13	0.22	0.61	0.81	0.55
4	0.28	0.80	0.76	0.62	14	0.27	0.51	0.60	0.46
5	0.34	0.54	0.72	0.53	15	0.43	0.75	0.85	0.68
6	0.46	0.86	0.91	0.74	16	0.93	1.00	1.00	0.98
7	0.35	0.69	0.81	0.62	17	0.75	0.94	0.97	0.89
8	0.16	0.57	0.78	0.50	18	0.01	0.36	0.47	0.28
9	0.04	0.33	0.40	0.26	19	0.54	0.76	0.90	0.73
10	0.10	0.41	0.53	0.35	20	0.40	0.73	0.81	0.65

续表

题号	3:0—3:11组	4:0—4:11组	5:0—5:11组	总得分率	题号	3:0—3:11组	4:0—4:11组	5:0—5:11组	总得分率
21	0.31	0.73	0.82	0.62	29	0.47	0.81	0.97	0.75
22	0.18	0.54	0.81	0.51	30	0.24	0.66	0.85	0.58
23	0.28	0.64	0.81	0.58	31	0.29	0.54	0.66	0.50
24	0.12	0.49	0.53	0.38	32	0.49	0.80	0.91	0.73
25	0.54	0.83	0.93	0.77	33	0.91	1.00	0.99	0.97
26	0.09	0.53	0.50	0.37	34	0.79	0.93	0.95	0.89
27	0.13	0.69	0.84	0.55					
28	0.31	0.65	0.76	0.58					

该测验的预测题项总得分率大于0.90的有2个，介于0.71—0.90（前后均包含）的共8个，介于0.31—0.70（前后均包含）的共21个，低于0.30的共3个，但这3个题项均介于0.20—0.30之间，无难度过大的题项。

② 区分度。

采用各题项得分与总分的相关性来考查看图叙事能力测验的项目区分度，结果如表3-1-10所示。各题项得分与总分均呈显著或极其显著相关关系。最终保留34个题项，以形成正式的看图叙事能力测验。

表3-1-10 看图叙事能力测验各题项与总分相关性

题号	相关系数	p	题号	相关系数	p	题号	相关系数	p	题号	相关系数	p
1	0.360	0.000	10	0.530	0.000	19	0.460	0.000	28	0.750	0.000
2	0.490	0.000	11	0.780	0.000	20	0.530	0.000	29	0.690	0.000
3	0.280	0.000	12	0.650	0.000	21	0.590	0.000	30	0.640	0.000
4	0.590	0.000	13	0.680	0.000	22	0.580	0.000	31	0.840	0.000
5	0.430	0.000	14	0.870	0.000	23	0.600	0.000	32	0.890	0.000
6	0.580	0.000	15	0.870	0.000	24	0.420	0.000	33	0.370	0.000
7	0.590	0.000	16	0.320	0.000	25	0.470	0.000	34	0.580	0.000
8	0.690	0.000	17	0.620	0.000	26	0.540	0.000			
9	0.490	0.000	18	0.510	0.000	27	0.730	0.000			

注：$p<0.05$，表示相关且显著；$p<0.01$，表示相关且极其显著。

（二）主测验的标准化

1. 样本标准化

本量表建立了上海市正常 3—6 岁儿童语言发育常模，可以用于评估上海市正常儿童汉语语言分级能力，并将低于正常儿童 2 个标准差作为语言发展异常的检出标准。

（1）教育环境

正常儿童的常模样本从上海市幼儿园中进行抽样，所抽样本均为在上海市常住的儿童，样本的选择已除去以下情况：生产史异常、低出生体重、双胎、听力障碍、先天畸形、神经系统疾病、患有可引起发育落后的疾病者（如先天性心脏病、中重度贫血、严重营养不良）。考虑到家庭及教育环境是影响儿童语言发展的重要因素之一，分层整群抽取上海市 2 所一级幼儿园、2 所二级幼儿园的儿童，人数各半。

（2）年龄和性别

由于正常儿童在 3—6 岁时，其基本的语音、语义、语法快速发展，且不同年龄间语言能力的差异较大。因此，我们将抽样的年龄范围界定为 3—6 岁，每个年段为 1 组，共 3 组，各组的年龄范围为：3 岁 0 个月至 3 岁 11 个月，4 岁 0 个月至 4 岁 11 个月，5 岁 0 个月至 5 岁 11 个月。男女比例接近。该测验共抽取正常儿童常模样本 303 人，测验时间为 2016 年 9 月至 12 月，常模样本分布情况如表 3-2-1 所示。

表 3-2-1 上海市 3—6 岁常模样本分布情况

项 目	被 试			
	3:0—3:11组	4:0—4:11组	5:0—5:11组	总人数（人）
男（人）	50	50	51	151
女（人）	51	52	49	152
合计（人）	101	102	100	303
占总人数的百分比（%）	33.33	33.66	33.00	100.00

常模测验评估者为华东师范大学教育康复学系研究生，常模测验组长为课题组负责人，负责测验点的选取、评估者的质量考核和评估进度安

排。所有评估者均接受过儿童语言发育知识和测验方法的专门培训。

2. 分数计算标准化

（1）分测验量表分

各分测验的粗分不同，且分测验之间计分方式也存在差异，不宜直接相加，因此在数据处理中将各分测验的原始分转换成统一的标准分，即量表分。在普通话儿童语言能力临床分级评估量表中，各分测验均转换成均数为 10、标准差为 3 的标准分。

（2）语言商数

语言商数是根据所有年龄组的标准分均数和标准差衍化而成的。在常模样本中，每个儿童有 4 个语言商数，即语言理解商数、语言表达商数、语言的综合运用商数以及语言总商数。语言理解商数由词语理解能力测验和句子理解能力测验的标准分均数转换而成；语言表达商数由词语命名能力测验、句式仿说能力测验的标准分均数转换而成；语言的综合运用商数由看图叙事能力测验的标准分均数转换而成；语言总商数由全部 5 个分测验的标准分均数转换而成。所有合成分数（语言商数）均转换为均数为 100、标准差为 15 的标准分。

（3）年龄当量

年龄当量是指按照年龄对常模样本进行分组，年龄当量代表的是所对应的特定年龄组常模原始分的平均值，即各分测验量表分为 10 分时所对应的原始分。如果连续两个年龄组出现同样的原始分时，取低年龄组的原始分；如果连续三个年龄组出现同样的原始分时，取中间年龄组的原始分；如果原始分范围重叠 1 分以上，将重叠部分平分到相邻的两个年龄组内。

在应用年龄当量进行比较时，需要注意两个问题：① 儿童不是与自己同一年龄组的常模进行比较，而是按照得分将其划分到能代表其原始分水平的年龄段。② 年龄当量不具有等距性，因此，年龄当量不适用于确定儿童发展是否有显著缺陷，只有标准分数之间的比较才能够使我们判断一个儿童的表现是否显著低于正常儿童。只有当儿童的标准分数显著低于正常水平时，才可以使用年龄当量这一更容易理解的度量标准向家长和老师解释儿童语言能力发展情况。如果儿童的分数落在正常的范围内，就没有必要再使用年龄等价分数，以免造成误解。

（4）百分等级

某一儿童的测验分数的百分等级是指在该儿童的同年龄群体中，得分低于该儿童的测验分数的人数的百分比。因此，为获得某一儿童所得量表分或语言商数与其同年龄组群体相比所处的位置，普通话儿童语言能力临床分级评估量表还提供了常模样本原始分的百分等级。如果某一儿童得到的量表分或语言商数高，他在同年龄组群体中所对应的百分等级也高，反之，如果其得到的量表分或语言商数低，他所对应的原始分的百分等级也低。例如，某儿童在词语理解能力测验中的量表分所对应的百分等级为25，则表示该儿童与同年龄组的常模样本相比，他们中只有25%的人的词语理解能力在他之下，其余75%的人的得分均高于他。由于常模样本不够多，因此，本书中只提供了5%、10%、25%、50%、75%、90%、95%这7个百分位点所对应的量表分或语言商数。

3. 信度、效度分析

（1）信度

信度是指测量的稳定性，是衡量测量品质的一个重要指标。在应用标准化测验时，特别是在解释测验分数或判断分数之间的差异时必须要考虑该测验的信度。测验信度越低，则通过该测验判断出儿童的真正能力越不可信。在判断分数之间的差异时，分数的信度越低，其表现出来的差异更多的是由于随机因素造成的，而非真正能力上的差异。

在普通话儿童语言能力临床分级评估量表中，采用三种形式来说明该测验的信度：一是克隆巴赫 α 系数；二是重测信度；三是测验标准误。

① 克隆巴赫α系数。

在本常模样本的标准化测验中，各个分测验的克隆巴赫 α 系数值的范围均在 0.90 及以上。

② 重测信度。

在常模样本中抽取 44 名儿童，用普通话儿童语言能力临床分级评估量表对其进行重测，两次测验时间间隔一个月，计算各分测验的组内相关系数（Intraclass Correlation Coefficients, 简写为 ICC）以考查其重测信度。两次测验的 ICC 均介于 0.67—0.94 之间，其中 0.70 以下的有 1 个，0.70—0.80 之间的有 2 个，0.80—0.90 之间的有 1 个，0.90 以上的有 1 个。

表 3-2-2　各分测验克隆巴赫 α 系数与重测信度

信度类型	词语理解能力测验	词语命名能力测验	句子理解能力测验	句式仿说能力测验	看图叙事能力测验
克隆巴赫 α 系数	0.91	0.97	0.90	0.97	0.94
重测信度	0.79**	0.94**	0.67**	0.83**	0.77**

注：* 表示 $p < 0.05$，相关且显著；** 表示 $p < 0.01$，相关且极其显著。

③ 测验标准误。

估计普通话儿童语言能力临床分级评估量表可靠性的另一指标是测验标准误，Standard Error of Mean（简写为 SEm）。SEm 可用于估计某一个体在该测验中理论上的"真分数"的误差范围，即假设能够对某一个体进行很多次测验，各次测验结果的平均值就是该个体的理论"真分数"。但在实际测验时，不可能对同一个体进行多次测验，而是用一个测验同时测查许多个体，从而对 SEm 做出估计，进而估计出测验真分数的范围。其中估计正确概率为 95% 的真分数取值范围的估计公式如下：

测验分数量表分 $-1.96 \times SEm < $真分数量表分$ < $测验分数量表分 $+1.96 \times $SEm

如果估计正确概率为 99% 时，真分数取值范围的估计公式如下：

测验分数量表分 $-2.58 \times SEm < $真分数量表分$ < $测验分数量表分 $+2.58 \times $SEm

例如，上海市一位年龄在 4 岁 0 个月至 4 岁 11 个月之间的儿童，在词语命名能力测验中的 SEm 是 1.35，就说明该年龄组在该测验上测得的量表分与"真分数"的量表分有 95% 的概率相差不超过 $\pm 1.96 \times 1.35$ 分的范围。如果某一儿童年龄为 4 岁 3 个月，在该测验上得到的量表分为 8 分，则说明该儿童测验的真分数量表分为：$8-1.96 \times 1.35 < $真分数量表分$ < 8+1.96 \times 1.35$，即该儿童真分数量表分在 5—11 分之间。测验标准误还可以用于判断对特殊儿童的语言干预是否有效。在排除自然成熟的因素的情况下，如果干预后儿童的得分超出了其干预前真分数估计范围的上限，则说明干预是有效的。SEm 越小，测得的分数离"真正"的分数就越近，则说明测验结果越可靠。

表 3-2-3　各分测验量表分测量标准误

测验名称	3:0—3:11 组	4:0—4:11 组	5:0—5:11 组	总标准误
词语理解能力测验	1.59	1.77	1.86	1.56
词语命名能力测验	1.35	1.35	1.47	1.08
句子理解能力测验	1.65	1.62	1.86	1.53
句式仿说能力测验	1.08	1.17	1.20	0.90
看图叙事能力测验	1.05	1.08	1.62	0.84

（2）效度

测验中的效度是指一个测验或量表实际能测出其所要测的心理特质的程度。测验的效度越大，说明测验能够测得所要测的心理特质的程度越大。对于普通话儿童语言能力临床分级评估量表，我们主要考查了其效标效度和结构效度。

① 效标效度。

在进行普通话儿童语言能力临床分级评估量表常模测验的同时，我们还测得了该常模群体 PPVT-R（皮博迪图片词汇测验修订版）的得分作为评价该评估量表效标效度（同时效度）的指标，普通话儿童语言能力临床分级评估量表中的词语理解、词语命名、句子理解、句式仿说以及看图叙事 5 个标准化分测验与 PPVT-R 的相关系数介于 0.70—0.82 之间（如表 3-2-4 所示），均达到极其显著的水平。

表 3-2-4　各标准化分测验与 PPVT-R 的相关系数

	词语理解能力测验	词语命名能力测验	句子理解能力测验	句式仿说能力测验	看图叙事能力测验
PPVT-R	0.82**	0.80**	0.76**	0.75**	0.70**

注：* 表示 $p < 0.05$，相关且显著；** 表示 $p < 0.01$，相关且极其显著。

② 结构效度。

经检测分析，普通话儿童语言能力临床分级评估量表各标准化分测验之间的相关系数介于 0.08—0.87 之间，均达到极其显著的水平，且相关程度均处于弱相关到中等相关之间。各分测验与语言能力总量表分的相关系数在 0.58—0.87 之间，均达到极其显著的水平，相关程度均为强相关。这说明该评估表具有较好的结构效度。详情如表 3-2-5 所示。

表 3-2-5　各标准化分测验之间以及与语言能力总量表分之间的相关系数

	词语理解能力测验	词语命名能力测验	句子理解能力测验	句式仿说能力测验	看图叙事能力测验
词语命名能力测验	0.19**				
句子理解能力测验	0.53**	0.21**			
句式仿说能力测验	0.22**	0.65**	0.28**		
看图叙事能力测验	0.08	0.55**	0.19**	0.54**	
语言能力总量表分	0.58**	0.75**	0.64**	0.87**	0.69**

注：* 表示 $p < 0.05$，相关且显著；** 表示 $p < 0.01$，相关且极其显著。

4. 施测过程标准化

（1）评估者要求

评估者须具备教育学、医学、心理学等相关领域的专业背景，且通过普通话儿童语言能力临床分级评估量表测验操作的专门培训。

（2）施测环境

① 空间要求。

要求有独立的测验房间，避免无关人员的干扰；测验环境安静（噪声不高于 45 dBA），温度舒适，桌椅高度应适合儿童身高，避免新异物品分散儿童的注意力。

② 位置安排。

评估者与儿童分别坐在桌子一角的两侧，呈 90° 角坐位（如图 3-2-1 所示），测验用具及记录表应提前有序放置，以方便使用；施测时，测验材料应置于儿童正前方以确保儿童能够看清。为方便记分，评估者通常坐在儿童的右侧，两人之间距离适中，记分时应避开儿童视线，以免对儿童作答造成影响。

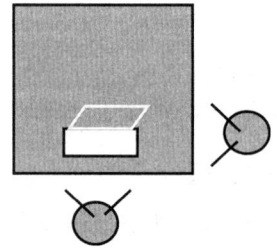

图 3-2-1　语言能力测验儿童与评估者坐位图

③ 其他因素控制。

对于一些离开父母后会紧张或容易出现情绪行为的特殊儿童，可以让其父母坐在测验室内，但不得参与或干扰儿童的测验过程。

（3）建立和谐关系

评估者与儿童建立和谐关系，对于语言能力测验而言十分重要，其目的在于使儿童保持对测验的兴趣，并尽最大努力完成测验。因此在开始评估前，需要通过简单游戏或家长咨询，了解儿童的喜好，使儿童更好地熟悉测验环境及评估者。评估者在施测时应保持客观的态度，使测验在友好的气氛中进行。

如果儿童拒绝测验，则暂停测验，改期再测。建立和谐关系并不意味着一味地迁就，应采取温柔而坚持的语气与态度。

（4）施测过程

测验开始时，要先给儿童示范例题，例题的测试结果不纳入总分。在开始一项测验时，如果儿童不能作答，评估者可以适当鼓励儿童，如对他说"你来试一试"，以促使儿童作答。但如果儿童答错，不要予以纠正；无论儿童答案是否正确，均不要通过表情或是语言给予暗示，以保证评估的客观性。在整个测验过程中，评估者都要避免给予儿童语言或视觉的提示。

为了测出儿童的真正能力，如果儿童没有立刻作答，评估者不要急于进行到下一题项，可以给儿童 5 到 10 秒的时间。一般情况下每个题项只问一次，但如果儿童未做出反应是由于未听清题目或是注意力不集中，可以再重复一次题项，如果在规定时间内仍未能作答，则得 0 分。

如儿童主动更正自己的回答，记分时应以儿童最终答案为评分依据。如果更改错误，也以改正后的为准。在评估过程中因儿童注意力不集中选错或者故意犯错，则可以通过休息调整重新进行测验或者分两次完成测验。为使儿童保持对测验的兴趣，评估者还可以准备一些强化物，包括儿童喜欢的玩具、食物等，如贴纸、饼干、糖果。

（5）评估时间与顺序

正常儿童完成本评估表全部标准化测验内容通常需要 30 分钟左右。对于疑似存在语言障碍的 3—6 岁儿童，测验目的主要是确认该儿童的语言能力是否低于正常儿童的水平，以及在哪些方面低于正常儿童，因而可以使用全套的主测验对其进行评估。标准评估顺序如下：词语理解、句子理解、词语命名、句式仿说、看图叙事。测验按照由易到难的顺序排列，安排在前面的分测验相对容易，测验方法也相对简单。

如果儿童已被确诊为障碍儿童，且存在明显的语言困难，则评估的目的主要在于进一步明确该儿童存在哪些方面的语言障碍并据此制订康复计划。这时，如果该儿童在完成前面某一类别的测验时存在明显困难，连续8题以上得分为0，则同一类型中难度较大的测验可以考虑以0分记录。此外，如果某儿童在词语理解能力测验上存在明显的困难，则句子理解能力测验等与理解能力高度相关且难度更高的测验则可以不测，但可以根据需要增加辅助测验中的一个或多个测验，如在上例中就可以加测语音感知能力测验。

（6）分数换算

每一个测验中各题项按标准记分，然后通过相加得到该分测验的原始分。每一个分测验的原始分计算出来后须填写到普通话儿童语言能力临床分级评估报告单（表8-2-1）的相应空格内。然后根据儿童的年龄分组，从表8-1-1至表8-1-3中找到其所对应的分测验量表分，并填入该报告单的相应空格内。将相应的分测验量表分相加得到语言理解、语言表达或语言综合运用三个方面的量表分，从表8-1-7中找到其所对应的语言商数并填入普通话儿童语言能力临床分级评估报告单的相应空格内。

四、辅助测验的编制及参考标准

（一）前语言沟通技能测验项目的编制及参考标准

1. 测验编制

前语言沟通技能主要是指儿童能够协调对人和环境的注意，恰当回应外界刺激，并利用眼神、表情、手势动作等非口语形式发起沟通和表达的需求的能力。前语言沟通技能测验根据0—1岁儿童所应发展出的前语言沟通技能，结合孤独症儿童的语言特征，选择了部分对儿童语言能力发展有重要影响的核心能力作为测验内容，包括沟通动机、要求技能、共同注意、模仿技能四个方面，每个方面均设置 2 个题项来考查儿童该方面的技能。根据儿童的注意特点，该测验采用的是半结构化互动的测验形式，即在半结构化的诱发情境中，评估者利用儿童喜欢的玩具，诱发儿童与评估人员进行简单的互动。这种测验形式在一定程度上保证了测验情境的自然性，同时又能够在有限的时间内最大限度地反映出儿童的沟通技能。该测验采取 0、1、2 三点计分方法，表现明显的得 2 分，表现不明显的得 1 分，无相关表现的得 0 分。

2. 参考标准

由于前语言沟通技能为正常儿童在 1 岁前应具备的能力，因此，我们将在测验中得分超过 90% 作为儿童具备前语言沟通技能的参考标准。该测验总分为 16 分，如果某一儿童在该测验上得分不小于 14 分，则认为该儿童具备了前语言沟通技能；如果未达到 14 分，则需要对该项技能进行康复训练。

（二）语音感知能力测验项目的编制及参考标准

1. 测验编制

语音感知能力主要是指儿童在一组语音中能够正确识别目标语音的能力。语音感知能力测验的测验材料为中国聋儿康复中心孙喜斌教授研发的儿童语音均衡式识别能力评估（词表）的声母识别部分。该词表覆盖了汉语拼音中的全部声母及零声母 y、w，共 23 个。按照语音均衡原则编制的评估词表包括 3 个分词表，每个分词表 25 个词，共 75 个词。该词表经广泛的临床应用已被证明符合儿童听觉发展规律。该分量表采用随机给词的方式进行测验，评估者给出目标音后，由儿童在 3 个选项中指认与目标词相一致的选项。测验采用 0、1 计分法，即正确得 1 分，错误或者无反应得 0 分。

2. 参考标准

根据孙喜斌教授等人对声母识别的研究结果发现，3 岁以上正常儿童声母识别率应达到90%以上。因此，我们将声母识别率90%作为3岁以上儿童达标的参照标准。

（三）语音产生能力测验项目的编制及参考标准

1. 测验编制

语音产生能力主要是指儿童能够正确发出目标语音的能力。语音产生能力测验的测验材料来源有两个，一是上海市二期课程改革幼儿园教材，二是《语音学教程》中的普通话声母表和韵母表[①]。测验材料共有27个题项，涵盖了21个声母和36个韵母，其中有26个双音节词，1个三音节词。测验材料还包含了四种声调，即一声、二声、三声和四声。所有测验词均为正常3—5岁儿童可理解的词汇。通过让儿童说出图片上的物品名称或动作的方式来考查儿童的语音产生能力，如果儿童对图片无反应或是反应错误，可以让儿童再跟读一次。结果记录采用0、1计分法，即正确得1分，错误或者无反应得0分。

2. 参考标准

（1）声母正确率

对标准化测验中的303名儿童常模样本进行语音产生能力测验，声母部分的测验结果见表4-3-1。其中3:0—3:11组儿童，除s、l、r、c、ch、sh 6个声母外，其他声母的正确率均达到90%以上；4:0—4:11组儿童，除声母sh外，其他声母的正确率也都达到了90%及以上；5:0—5:11组儿童，全部声母正确率均达到90%以上。总体来看，除c、ch、sh三个声母外，其他18个声母正确率均在90%及以上。按照90%作为已习得的参考标准，正常3岁0个月至3岁11个月的儿童声母习得率应为70%以上，4岁0个月至4岁11个月的儿童声母习得率应为95%以上，而5岁0个月至5岁11个月的儿童声母习得率应为100%。但由于儿童语音产生能力受方言环境影响较大，因此该参照标准适用于语言环境为普通话的儿童。

---

① 林焘，王理嘉. 语音学教程 [M]. 北京：北京大学出版社，1992：106–114.

表 4-3-1 语音产生能力测验声母正确率

声母	3:0—3:11 组	4:0—4:11 组	5:0—5:11 组	总正确率
h	1.00	1.00	1.00	1.00
m	1.00	1.00	1.00	1.00
q	0.99	1.00	1.00	1.00
p	0.99	1.00	1.00	1.00
n	0.99	1.00	1.00	1.00
b	0.99	1.00	1.00	1.00
j	0.99	0.99	1.00	0.99
k	1.00	1.00	0.97	0.99
d	0.96	1.00	1.00	0.99
t	0.96	1.00	0.99	0.98
g	0.97	1.00	0.96	0.98
z	0.96	0.97	0.99	0.97
x	0.97	0.99	0.96	0.97
zh	0.94	0.96	0.96	0.95
f	0.94	0.94	0.96	0.95
s	0.88	0.96	0.97	0.94
l	0.87	0.96	0.97	0.93
r	0.84	0.93	0.93	0.90
c	0.81	0.93	0.93	0.89
ch	0.81	0.90	0.94	0.88
sh	0.87	0.89	0.91	0.89

（2）韵母正确率

语音产生能力测验中韵母部分测验结果见表 4-3-2。除 5:0—5:11 组儿童在韵母 ueng 发音上的正确率接近但未达到 90%（可能与抽样有关），各年龄段儿童在其他所有韵母发音上的正确率均达到 90% 及以上，总体上所有韵母的正确率也都达到 90% 以上。因此我们认为 3—6 岁学前儿童应全部掌握 36 个韵母发音。

表 4-3-2 语音产生能力测验韵母正确率

韵母	3:0—3:11 组	4:0—4:11 组	5:0—5:11 组	总正确率
i	1.00	1.00	1.00	1.00

续表

韵母	3:0—3:11 组	4:0—4:11 组	5:0—5:11 组	总正确率
iou	1.00	1.00	1.00	1.00
ing	1.00	1.00	1.00	1.00
uo	1.00	1.00	1.00	1.00
ian	1.00	1.00	1.00	1.00
eng	1.00	1.00	1.00	1.00
u	1.00	1.00	1.00	1.00
ün	1.00	1.00	1.00	1.00
ü	1.00	1.00	1.00	1.00
ai	1.00	1.00	1.00	1.00
an	1.00	1.00	1.00	1.00
ang	0.99	1.00	1.00	1.00
e	0.99	1.00	1.00	1.00
uei	0.99	1.00	1.00	1.00
iao	0.99	1.00	1.00	1.00
en	0.99	1.00	1.00	1.00
ou	0.99	1.00	1.00	1.00
ua	0.99	1.00	1.00	1.00
ao	1.00	0.99	1.00	1.00
in	1.00	0.99	1.00	1.00
a	1.00	1.00	0.99	1.00
uai	1.00	1.00	0.99	1.00
iong	1.00	1.00	0.99	1.00
ong	0.97	1.00	1.00	0.99
er	0.97	1.00	1.00	0.99
ia	1.00	0.99	0.99	0.99
üe	1.00	1.00	0.97	0.99
iang	0.97	1.00	0.99	0.99
uan	0.97	0.99	0.99	0.98
ei	0.96	0.99	0.97	0.97
o	0.99	0.99	0.94	0.97
uang	0.96	0.99	0.96	0.97
üan	0.91	0.97	1.00	0.96

续表

韵母	3:0—3:11组	4:0—4:11组	5:0—5:11组	总正确率
ie	0.90	0.96	0.99	0.95
uen	0.94	0.90	0.96	0.93
ueng	0.94	0.90	0.88	0.91

（3）声调正确率

语音产生能力测验声调部分测验结果见表4-3-3。各年龄组在四个声调上的正确率均为100%，说明正常儿童在3岁以后就已完全掌握四个声调。

表4-3-3　语音产生能力测验声调正确率

声调	3:0—3:11组	4:0—4:11组	5:0—5:11组	总正确率
wū	1.00	1.00	1.00	1.00
ěr	1.00	1.00	1.00	1.00
yuè	1.00	1.00	1.00	1.00
wén	1.00	1.00	1.00	1.00

该测验的克隆巴赫 α 系数为0.776；间隔1个月后，抽取常模样本中的44名儿童进行重测，得到测验重测信度为0.780。

（四）模仿句长能力测验项目的编制及参考标准

1. 测验编制

模仿句长能力是指儿童完整复述以听觉通道输入的完整句子的能力。模仿句长能力测验最初由华东师范大学教育康复学系卢袁芳等人[①]编写，项目内容及编制过程主要参考了《听力障碍儿童听觉、语言能力评估标准及方法》的模仿句长部分。在材料的编制过程中，遵循的最主要的原则是既通俗易懂又需要认知加工；内容上要求所选用句子既不能够让儿童脱口而出，又不会超过这个阶段儿童的认知水平；采用限定句子字数的形式，经多次讨论，最终确定以5个字为下限，19个字为上限；以2个字为单

---

① 卢袁芳. 4—6岁听障儿童对话理解与听觉记忆的特征及关系研究[D]. 上海：华东师范大学，2015.

位，逐渐增加句子长度，共有 5、7、9、11、13、15、17、19 八个长度级别的句子，每个长度级别有 2 句，共 16 个测验题项。该测验参考第 5 版的学前儿童语言发展量表中句子复述部分，采用复述的形式进行测验。最终按照儿童能够完成的最长句子的字数进行计分。

2. 参考标准

对标准化测验中所使用的常模样本进行模仿句长能力测验，各年龄组不同百分等级所对应的句子长度如表 4-4-1 所示。3 岁 0 个月到 3 岁 11 个月组中 90% 的儿童能够正确模仿句长为 7 个字的句子；4 岁 0 个月到 4 岁 11 个月组以及 5 岁 0 个月到 5 岁 11 个月组中有 90% 的儿童能够正确模仿句长为 9 个字的句子。因此，我们将能够正确模仿 7 个字的句子作为 3 岁 0 个月到 3 岁 11 个月儿童应达到的水平；将能够正确模仿 9 个字的句子作为 4 岁 0 个月到 4 岁 11 个月儿童应达到的水平；5 岁 0 个月到 5 岁 11 个月儿童与 4 岁 0 个月到 4 岁 11 个月儿童的水平相同。

表 4-4-1 模仿句长能力测验百分等级换算表

百分等级（%）	句子长度（字）		
	3:0—3:11 组	4:0—4:11 组	5:0—5:11 组
5	5	9	7
10	7	9	9
25	9	9	9
50	9	11	11
75	11	13	13
90	13	15	15
95	13	15	15

间隔 1 个月后，抽取常模样本中的 44 名儿童进行重测，得到该测验重测信度为 0.540。该测验与 PPVT-R 得分相关且极其显著，相关系数为 0.570。

五、测验内容及方法

普通话儿童语言能力临床分级评估量表中的每个测验均有软件版和纸质版两种测验方式，可根据实际情况及需要进行选择。每一个测验所用的评估用具如表 5-0-1 所示。

表 5-0-1　普通话儿童语言能力临床分级评估量表评估用具

分测验名称	测验形式	测验用具
词语理解能力测验	软件版	普通话儿童语言能力临床分级评估——词语理解能力测验软件、电脑 1 台
	纸质版	词语理解能力测验图卡 1 套、词语理解能力测验评估记录表、录音笔 1 支
词语命名能力测验	软件版	普通话儿童语言能力临床分级评估——词语命名能力测验软件、电脑 1 台
	纸质版	词语命名能力测验图卡 1 套、词语命名能力测验评估记录表、录音笔 1 支
句子理解能力测验	软件版	普通话儿童语言能力临床分级评估——句子理解能力测验软件、电脑 1 台
	纸质版	句子理解能力测验图卡 1 套、句子理解能力测验评估记录表、录音笔 1 支
句式仿说能力测验	软件版	普通话儿童语言能力临床分级评估——句式仿说能力测验软件、电脑 1 台
	纸质版	句式仿说能力测验图卡 1 套、句式仿说能力测验评估记录表、录音笔 1 支
看图叙事能力测验	PPT 版	看图叙事能力测验 PPT、看图叙事能力测验评估记录表、录音笔 1 支、电脑 1 台
前语言沟通技能测验	软件版	普通话儿童语言能力临床分级评估——前语言沟通技能测验软件、电脑 1 台
	纸质版	方形积木 4 块、玩具汽车 1 辆、玩具火车 1 辆（自备）、玩具轮船 1 艘（自备）、发声橡皮鸭 1 只（自备）、发光玩具球 1 个（自备）、前语言沟通技能测验评估记录表、摄像机 1 台
语音感知能力测验	软件版	普通话儿童语言能力临床分级评估——语音感知能力测验软件、电脑 1 台
	纸质版	语音感知能力测验图卡 1 套、语音感知能力测验评估记录表、录音笔 1 支
语音产生能力测验	软件版	普通话儿童语言能力临床分级评估——语音产生能力测验软件、电脑 1 台
	纸质版	语音产生能力测验图卡 1 套、语音产生能力测验评估记录表、录音笔 1 支
模仿句长能力测验	软件版	普通话儿童语言能力临床分级评估——模仿句长能力测验软件、电脑 1 台
	纸质版	模仿句长能力测验图卡 1 套、模仿句长能力测验评估记录表、录音笔 1 支

注：普通话儿童语言能力临床分级评估软件版均由上海慧敏医疗器械有限公司制作开发。

（一）主测验的测验内容及方法

视频

词语理解能力测验软件操作

1. 词语理解能力测验

（1）测验准备

词语理解能力测验有两种形式。一种是纸质版测验，测验前需要准备的测验用具包括词语理解能力测验图卡、词语理解能力测验评估记录表（表8-3-3）、录音笔。采用纸质方式进行测验时，评估者的普通话水平要达到二级甲等以上。测验时评估者要控制好给声时的语速和响度等，通常语速和响度要适中，以确保儿童能够听清。如果儿童存在听觉障碍，为确保儿童能够听到，给声时可以响度稍大，以减少无关因素对测验结果的影响。另一种是计算机软件版测验，可以采用普通话儿童语言能力临床分级评估——词语理解能力测验软件进行。如果儿童对测验软件中的录音不敏感，须采用纸质版形式进行测验。

（2）测验内容

词语理解能力测验的内容主要包括了常见的名词、动词和形容词。其中名词19个，占比54.29%；动词11个，占比31.43%；形容词5个，占比14.29%，具体内容如表5-1-1所示。

表 5-1-1 词语理解能力测验词表及分类

词性	个数	内容
名词	19个	火车、鞋子、老人、警车、爸爸、动物、冰激凌、彩虹、空调、圆形、太阳、冬天、生日、凉鞋、小鸟、胸、瓶子、公路、鞭炮
动词	11个	吹、上楼、打伞、敲、推、拍（皮球）、倒、举、跳、打针、擦
形容词	5个	快、高、直的、伤心、硬

（3）指导语

词语理解能力评估阶段的指导语较为简单，主要采用听话选择的方式进行。指导语为：听一听，找一找。如"听一听，找一找，米饭"。

（4）测验方法

词语理解能力测验共35个题项，每个题项包含4张图片，儿童根据指导语选择相应图片，以此形式来完成评估。在正式评估之前，要先进行例题的练习，让儿童熟悉评估规则。例如，在进行"火车"的理解评估时，评估者先给出一组图片，如"汽车、轮船、飞机、火车"，然后播放指导语"听一听，找一找，火车"，让儿童进行选择。练习2—3次，如果儿童已学会这种听话选择的反馈方式，则开始正式评估。正式评估时，每个题项仅测验一次。

（5）测验评分

词语理解能力测验采用0、1计分法，正确指认目标词得1分，错误得0分，同时给出错误走向，如"4→2"，前者为目标词语，后者为儿童错误指认的词语。具体结果记录方式以题"火车"为例，若儿童能够准确无误地指认出"火车"，得1分，结果记录如表5-1-2所示。

视 频

词语理解能力
测验评估示范

表5-1-2 词语理解能力测验评估记录举例1

测验内容					得分	错误走向（正→误）
目标词	测验词1	测验词2	测验词3	测验词4		
火车	汽车	轮船	飞机	火车	1	

若儿童选择的是"轮船"，则指认错误，得0分，结果记录如表5-1-3所示。同时注明儿童在该题上的错误走向，为指导后续的康复训练提供依据。

表5-1-3 词语理解能力测验评估记录举例2

测验内容					得分	错误走向（正→误）
目标词	测验词1	测验词2	测验词3	测验词4		
火车	汽车	轮船	飞机	火车	0	4→2

（6）停止测验

若儿童连续8题没有反应或者反应完全错误则停止测验。

（7）分数计算

将各题项所得分数相加，即得到该项测验的原始分。该项测验最高分为35分。

2. 词语命名能力测验

（1）测验准备

词语命名能力测验有两种评估形式。一种是纸质版测验，测验前需要

视 频

词语命名能力
测验软件操作

准备词语命名能力测验图卡、词语命名能力测验评估记录表（表 8-3-6）、录音笔。采用纸质方式进行测验时，评估者的普通话水平要达到二级甲等以上。测验时评估者要控制好给声时的语速和响度等，通常语速和响度要适中，以确保儿童能够听清。如果儿童存在听觉障碍，为确保儿童能够听到，给声时可以响度稍大，以减少无关因素对测验结果的影响。另一种是计算机软件版测验，可以采用普通话儿童语言能力临床分级评估——词语命名能力测验软件进行。如果儿童对测验软件中的录音不敏感，须采用纸质版形式进行测验。

（2）测验内容

词语命名能力测验的内容主要包括根据图片对名词（33个）、动词（15个）、形容词（16个）、量词（1个）进行命名。词语命名能力测验词表及分类如表 5-1-4 所示。

表 5-1-4　词语命名能力测验词表及分类

词性	个数	内容
名词	33个	肚子（肚皮、肚脐）、玉米、楼梯、企鹅、垃圾箱（垃圾桶）、自行车（脚踏车）、冰箱、薯条、彩虹、礼物（礼物袋）、动物园（动物中心）、菠萝、医生、窗户（窗、窗子）、雨衣（雨披）、茄子、蔬菜、扣子（纽扣、纽子）、吹风机（电吹风）、奖杯（冠军杯）、消防员（消防员叔叔）、小偷、衣架（衣服架子）、骆驼、冬天（冬季）、中国、浴缸（洗澡盆）、光盘（碟片）、洒水车、蜜蜂、教室、酒杯（玻璃杯、红酒杯、高脚杯）、食指
动词	15个	画画、撕（撕开、撕烂、撕画）、摘（摘苹果、采苹果）、打针、摸（摸头）、削、盛（舀）、烤（烧烤）、堵车、搬、迟到（来不及）、读书（念书、学习）、帮助、批评（骂、生气）、扑（跳）
形容词	16个	快、冷、近、硬（硬的）、矮、橙色（橘色、橘黄色）、舒服、轻（轻的）、歪（歪的）、细（细细的、细的）、勇敢、难、年轻、危险、健康（强壮）、难过（不开心）
量词	1个	两本书（本）

（3）指导语

词语命名能力测验的指导语需要根据图片的内容进行提问，要求儿童"看一看，说一说"。名词的提问可以是："图片上有什么？"或指着图片问："这是什么？"动词的提问可以是："他在做什么？"如果儿童对图片上的动作难以理解，评估者可以演示动作并追问儿童："这是什么动作？"并要求儿童作答。形容词的提问方式采用反义词诱导的方式，例如："哥哥是高的，那弟弟呢？"若儿童所说词语不是目标词，但与目标词意思相近，评估者可追问："还可以怎么说？"继续要求儿童回答，但最多追问一次。

（4）测验方法

在正式评估前，评估者向儿童呈现例题，并让儿童进行练习，熟悉评估规则。例如，在进行例题"猫"的评估时，首先，评估者指着图片上的"猫"，而后给出指导语："看一看，说一说，图片上有什么？"要求儿童自主表达。若儿童自主表达为"猫"，则进入下一题。若儿童表达错误，如表达的内容为"喵喵"时，评估者可以追问："什么喵喵叫呀？"诱导儿童说出正确答案。如果儿童还是无法说出"猫"，则评估者告诉儿童"这是'猫'"，让儿童熟悉评估规则。待儿童学会后，正式开始评估，每个题项仅测验一次。测验中，若给出指令后等待10秒，儿童仍未能做出反应，则直接进入下一题。

在评估过程中需要注意的有：① 词语命名能力的评估考查的是儿童自主命名词语的能力，评估者不可以用复述或者提示中出现目标词的方法要求儿童进行命名。② 若儿童在例题中始终未能明白评估要求或者在经过示范后还是未能正确命名，评估者可以尝试利用评估场地中常用物品进行命名能力评估，从而了解儿童的词语命名能力是否受到评估形式的限制。③ 建议评估者利用纸质版记录表进行现场同步打分。若有部分命名不确定时，可在评估结束后通过听现场录音再进行打分，以保证评分的准确性。

（5）测验评分

词语命名能力测验结果采用0、1计分法，命名正确得1分，错误得0分，同时给出错误分析，包括：① 无反应。② 新造词。③ 相关描述。④ 不相关描述。⑤ 上位替代。⑥ 同位替代。⑦ 下位替代。具体结果记录方式以题"扣子（纽扣，纽子）"为例。

若儿童自主表达为"扣子（纽扣、纽子）"，则正确，得1分，结果记录如表5-1-5所示。

视 频

词语命名能力
测验评估示范

表5-1-5 词语命名能力测验评估记录举例1

目标词	反应词语	得分	错误走向分析					
			无反应	新造词	相关描述	不相关描述	上位替代	同位替代	下位替代
扣子（纽扣、纽子）	纽扣	1							

若儿童更正后命名为"扣子（纽扣、纽子）"，则正确，得1分，结果记录同上表。

若儿童命名为"针"，则错误，得0分，结果记录如表5-1-6所示。

表5-1-6　词语命名能力测验评估记录举例2

目标词	反应词语	得分	错误走向分析					
			无反应	新造词	相关描述	不相关描述	上位替代	同位替代	下位替代
扣子（纽扣、纽子）	针	0				▲			

（6）停止测验

若儿童连续8题没有反应或者反应完全错误则停止测验。

（7）分数计算

将各题项所得分数相加，即得到该项测验的原始分。该项测验最高分为65分。

视　频

句子理解能力测验软件操作

3. 句子理解能力测验

（1）测验准备

句子理解能力测验有两种形式。一种是纸质版测验，需要准备的测验用具主要包括：句子理解能力测验图卡、句子理解能力测验评估记录表（表8-3-4）、录音笔等。采取纸质方式进行测验时，评估者的普通话水平要达到二级甲等以上。测验时评估者要控制好给声时的语速和响度等，通常语速和响度要适中，以确保儿童能够听清。如果儿童存在听觉障碍，为确保儿童能够听到，给声时可以响度稍大，以减少无关因素对测验结果的影响。另一种是计算机软件版测验，可以采用普通话儿童语言能力临床分级评估——句子理解能力测验软件进行。如果儿童对测验软件中的录音不敏感，须采用纸质版形式进行测验。

（2）测验内容

句子理解能力测验的内容主要包括无修饰句、简单修饰句和特殊句式。其中简单修饰句包括一个或两个修饰成分的修饰句；特殊句式包括非可逆句、可逆句、"把"字句、"被"字句以及比较句，具体的题项及句型分类如表5-1-7所示。

表 5-1-7 句子理解能力测验题项及句型分类

序号	目标句	句型
1	小明开汽车。	无修饰句
2	小明画苹果。	
3	小明在房间里。	
4	小红有汽车。	
5	小明有红色的汽车。	含一个修饰成分的简单修饰句
6	胖胖的男孩有汽车。	
7	小明在房间玩汽车。	
8	晚上小明唱歌。	
9	汽车开过来了。	
10	小明吃完了苹果。	
11	戴眼镜的男孩拿着红色的汽车。	含两个修饰成分的简单修饰句
12	小明拿着两辆红色的汽车。	
13	小明刚要吃苹果。	
14	晚上小明在房间里唱歌。	
15	穿红衣服的小明在房间里玩汽车。	
16	小明摔碎了红色的杯子。	
17	小明在房间外画好了苹果。	
18	小红把椅子推倒了。	非可逆"把"字句
19	椅子被小明放好了。	非可逆"被"字句
20	小明把小红逗笑了。	可逆"把"字句
21	小明被小红推倒了。	可逆"被"字句
22	小明追小红。	可逆句
23	椅子比方桌子矮。	比较句

（3）指导语

句子理解能力测验的指导语为：听一听，找一找。

（4）测验方法

在正式评估开始前，要先进行对评估材料中的人物（小明、小红）的指认环节。评估者向儿童分别呈现表示"小明"和"小红"的图片，同时给出指导语"这是小明/小红"，而后给出指导语："找一找，谁是小明/小红？"若儿童指认正确，则进入例题。若儿童指认错误，评估者可对"小明/小红"的特征进行描述，以诱导儿童选择正确答案。若经过反复练习，儿童仍不能正确指认出"小明/小红"，则评估者应辅助儿童选出正确答案后进入例题。

评估者向儿童呈现例题，练习例题，让儿童熟悉评估规则。待儿童学会后，正式开始评估，每个题项仅测验一次。例如，在进行对题"小明开汽车"的评估时，首先，评估者出示四张图片，而后给出指导语"听一听，找一找，小明开汽车"，要求儿童指认图片。若儿童能够指认一张图片，不论正确与否，均可进入下一题；若儿童持续10秒无反应，也可进入下一题。

（5）测验评分

句子理解能力测验采用0、1计分法，指认正确得1分，错误得0分。同时给出错误走向，即"正确项→错误项"，如"3→2"则表示测验句3为目标句，而儿童选择了测验句2；如儿童在测验时对一个题项超过10秒无反应，标为"NR"。具体结果记录方式以题"小明开汽车"为例。

若儿童选择测验句4所对应的图片，则正确，得1分，结果记录如表5-1-8所示。

句子理解能力
测验评估示范

表5-1-8　句子理解能力测验评估记录举例1

测验内容					得分	错误走向
目标句	测验句1	测验句2	测验句3	测验句4		（正→误）
小明开汽车。	小明玩汽车。	小红开汽车。	小明开汽车。	小明开火车。	1	

若儿童选择测验句2所对应的图片，则错误，得0分，错误走向标为"3→2"，结果记录如表5-1-9所示。

表5-1-9　句子理解能力测验评估记录举例2

测验内容					得分	错误走向
目标句	测验句1	测验句2	测验句3	测验句4		（正→误）
小明开汽车。	小明玩汽车。	小红开汽车。	小明开汽车。	小明开火车。	0	3→2

若儿童进行该项时无反应，则错误，得0分，错误走向标为"NR"，结果记录如表5-1-10所示。

表 5-1-10　句子理解能力测验评估记录举例 3

测验内容					得分	错误走向
目标句	测验句 1	测验句 2	测验句 3	测验句 4		（正→误）
小明开汽车。	小明玩汽车。	小红开汽车。	小明开汽车。	小明开火车。	0	NR

（6）停止测验

若儿童连续 8 题没有反应或者反应完全错误则停止测验。

（7）分数计算

将各题项所得分数相加，即得到该项测验的原始分。该项测验最高分为 23 分。

4. 句式仿说能力测验

（1）测验准备

句式仿说能力测验有两种形式。一种是纸质版测验，需要准备的测验用具有：句式仿说能力测验图卡、句式仿说能力测验评估记录表（表 8-3-8）、录音笔。采用纸质方式进行测验时，评估者的普通话水平要达到二级甲等以上。测验时评估者要控制好给声时的语速和响度等，通常语速和响度要适中，以确保儿童能够听清。如果儿童存在听觉障碍，为确保儿童能够听到，给声时可以响度稍大，以减少无关因素对测验结果的影响。另一种是计算机软件版测验，可以采用普通话儿童语言能力临床分级评估——句式仿说能力测验软件进行测验。如果儿童对软件测验中的录音不敏感，须采用纸质版形式进行测验。

（2）测验内容

句式仿说能力测验评估的内容根据汉语语法构建规则和儿童语言发展规律，结合日常生活中常用内容，合理搭配人物、事件、事物等之间的关系，选取代表性句子，主要包括无修饰句、简单修饰句（含一个修饰成分，含两个修饰成分）、特殊句式和复句等句式，每种句式按照语法结构形式，以语法和语义为两项指标进行评估。测验时，评估者同时出示两张图片（例句图片和仿说图片），要求儿童提炼出与例句对应的句子结构并结合仿说图片内容进行句子的自主表达，进而判断该儿童是否存在句子语法掌握和语义表达问题。各题项及其句式类型如表 5-1-11 所示。

视 频

句式仿说能力测验软件操作

表 5-1-11　句式仿说能力测验题项及句型分类

序号	例句	句型
1	小明唱歌。	无修饰句
2	小明有火车。	
3	小明不想吃药。	
4	花瓶里没有花。	
5	小红穿粉色的裙子。	简单修饰句（含一个修饰成分）
6	瘦瘦的男孩有汽车。	
7	小明画完了苹果。	
8	男孩在草地上看书。	
9	草原上长满了草。	
10	早晨叔叔上班。	
11	小红的猫有黄色的条纹。	简单修饰句（含两个修饰成分）
12	狗戴了一个黑色的铃铛。	
13	弟弟每天乘车上学。	
14	晚上小明在广场上跳舞。	
15	黄色的鸭子在河里游泳。	
16	小明搬不动圆圆的石头。	
17	晚上太阳落下去了。	
18	小明把盘子摔碎了。	特殊句式
19	小明把小红推倒了。	
20	小红抱着小明走。	
21	男孩比女孩胖。	
22	苹果被小明吃掉了。	
23	小明被小红逗笑了。	
24	圆圆的太阳像苹果。	
25	小明因为渴了，所以想喝水。	复句
26	如果明天不下雪，我就去游乐场。	
27	这是黑色，这不是红色。	
28	虽然天黑了，但是他还在看书。	
29	小明买的不是火车，而是汽车。	
30	小明有两辆车子：一辆是红色的，一辆是绿色的。	

（3）指导语

句式仿说能力测验评估的指导语为：我来说左边，你来说右边，跟我用一样的句式。然后评估者说例句，让儿童根据仿说图片内容进行仿说。

（4）测验方法

评估者先向儿童介绍评估材料中的人物（小明和小红），让儿童熟悉并能分辨人物。之后，评估者向儿童呈现例题，并让儿童进行练习，熟悉评估规则。待儿童理解评估规则后，则进入正式评估，每个题项仅测一次。例如，在进行第一题评估时，首先，评估者给出指导语"我来说左边，你来说右边，跟我用一样的句式"，然后指着图片说出例句"小明唱歌"，要求儿童进行仿说。

在评估过程中例题反应对错不计入总分。评估者可以利用纸质版评估记录表进行现场同步打分，评估过程需要进行全程录音，便于评估结束后打分，保证评分的准确性。

（5）测验评分

句式仿说能力测验从语法和语义两个方面进行评分。每题总分为2分，其中语法为1分，采用0、1计分法，正确计1分，错误计0分；语义采用0、0.5、1计分法，即正确计1分，不精确计0.5分，错误计0分。

视　频

句式仿说能力测验评估示范

判断仿说句正确的标准，语法方面包括以下三点。

① 儿童说出的句子与目标句完全一致。

② 儿童说出的句子包含目标句所有的句子成分，表达上符合汉语语法规范和常规说法，仿说内容与图片内容相符合，语法运用能力高于目标句。

例："爸爸每天开车上班"→"爸爸每天开小汽车去工作"。

③ 在不影响语义的情况下，不涉及句子结构的完整性时，句尾的"的、了、着"不扣分。

例："虽然下雨了，但是他还在跑步"→"虽然下雨，但是他还在跑步"。

语义方面包括以下三点。

① 儿童说出的句子与目标句完全一致。

② 儿童说出的句子包含图片中所有的信息，且描述得比目标句更细致。

例："小明画画"→"小明画红色的苹果"。

③ 用另一种句式表达和目标句式一致的画面内容。

例："小红把小明推倒了"→"小明被小红推倒了"。

测试结果除合理添加外，错误走向可从语法、语义和混合三个方面进行分析。

语法错误走向包括五个方面：① 关联词缺少。在复句的句法加工过程中，儿童缺少一个或者一对搭配的关联词。如将目标句"小红因为肚子饿了，所以想吃饭"说成"小红饿了，想吃饭"。② 自主句式。句子本身语法和语义都正确，表达的内容与图片一致，但是句式结构与目标句不同。如将目标句"女孩比男孩胖"说成"女孩胖，男孩瘦"。③ 关联词搭配不当。在复句的句法加工过程中，出现的关联词并非日常生活和语法规则中的固定搭配，导致句法歧义或者语义混乱。如将"虽然下雨了，但是他还在跑步"说成"因为下雨了，但是他还在跑步"。④ 缺失成分。句子成分缺少，包括主语残缺、谓语残缺、宾语残缺、修饰成分残缺等。如将"胖胖的男孩有火车"说成"胖男孩火车"。⑤ 杂糅。句子中出现了表达相同意思、起相同作用的成分或不必要的成分，或者把两种不同的句法结构混杂在一个表达式中，结果造成语句结构混乱、语义混乱。如将"弯弯的月亮像香蕉"说成"圆圆的月亮弯弯的像香蕉"。

语义错误走向包括两个方面：① 用词不当。句中使用的词语不精确或者错误。句子词语使用不精确，得分为 0.5，如将"白天小红在草地上画画"说成"白天小红在外面画画"；句子词语使用错误，则得分为 0，如将"小明把杯子摔碎了"说成"小明把杯子摔跌了"。② 内容不符。句子与测验图片想表达的内容不符合，如将"鱼缸里没有鱼"说成了"花瓶里有水"。

混合错误走向包括五个方面：① 搭配不当。句中语义或句法使用不当，如将"胖胖的男孩有火车"说成"胖胖的男孩是火车"。② 颠倒。句子语序发生错乱，成分词序颠倒，造成语句不通或者内容表达错误，如将"西瓜被小红吃掉了"说成"小红被西瓜吃掉了"。③ 重复例句。儿童表述的句子与例句完全或者大部分相似，与需要仿说的图片内容无关联，如将"鱼缸里没有鱼"说成"这边花瓶里没有花"。（例句是"花瓶里没有花"）④ 无反应。儿童对所做题无应答或者回答不知道，则记为无反应。⑤ 合理添加。儿童说出的句子本身正确，语法结构、句子成分等在包含例句句子成分的基础上，有合理的添加，语言能力远大于目标句，表达的内容与图片十分贴切，则记为合理添加。例如将"早晨太阳升起来了"说成"白天太阳从东方升起来了"。

具体结果记录方式举例如表 5-1-12 所示。

表 5-1-12 句式仿说能力测验评估记录举例

序号	目标句	仿说句	得分		结果分析		
			语法	语义	语法	语义	混合
1	小明画画。	小明画一个小苹果。	1	1			合理添加
2	小红有汽车。	小红有玩具。	1	0.5		用词不当	
3	小红不想打针。		0	0			无反应

具体评分举例详见表 8-4-1。

（6）停止测验

若儿童连续 8 题没有反应或反应错误则停止测验。

（7）分数计算

将各题项所得的语法分数和语义分数分别相加，即得到句式仿说能力测验的语法和语义原始分。语法和语义最高分均为 30 分。

5. 看图叙事能力测验

（1）测验准备

看图叙事能力测验需要准备的评估用具主要包括看图叙事能力测验图卡、看图叙事能力测验评估记录表（表 8-3-9）、录音笔等。采用纸质方式进行测验时，评估者的普通话水平要达到二级甲等以上。测验时评估者要控制好给声时的语速和响度等，通常语速和响度要适中，以确保儿童能够听清。如果儿童存在听觉障碍，为确保儿童能够听到，给声时可以响度稍大，以减少无关因素对测验结果的影响。

视频

看图叙事能力测验评估示范

（2）测验内容

看图叙事能力测验的内容分为分图讲述和整体讲述两个部分。在分图讲述中考查儿童对每一张图片画面内容和句法的掌握程度；在整体讲述中，考查儿童对故事的时间、地点、人物、故事讲述的顺序性、故事内容的完整和连贯性、故事的宏观结构、整体句法、韵律感和清晰度共 9 个方面内容的掌握程度。

（3）指导语

看图叙事能力测验的评估分为两个小故事，分别是《做客》和《月亮船》，每个小故事的指导语如下。

①《做客》。

"×××，请你仔细看一看这张图片，穿蓝衣服的小朋友叫小兰，穿花裙子的小朋友叫小花，你跟我说一说，谁是小兰？谁是小花？小兰是主人，小花是客人，你说一说小兰和小花她们俩发生了什么事情呢？"

"这是第二张……"

"这是第三张……"

"这是第四张……"

"请你从头到尾再讲一讲这个故事。"

②《月亮船》。

"×××，请你仔细看一看这张图片，故事的小主人公叫小美，你来说一说小美发生了什么事情呢？"

"这是第二张……"

"这是第三张……"

"这是第四张……"

"请你从头到尾再讲一讲这个故事。"

（4）测验方法

首先，评估者向儿童呈现图片1，要求儿童仔细看图，然后请儿童进行主动讲述。按上述步骤依次呈现图片2、3、4，并要求儿童讲述。最后，要求儿童从头到尾对故事进行整体性讲述。

在测验过程中需要注意的有：① 评估者要避免语言和视觉提示。② 评估者在测验过程中严格遵循"不引导"的原则，一旦儿童开始讲述，评估者尽量不说话，不问儿童具有引导性的问题，只能用表情或者是通过"嗯""噢"等语气词来回应儿童，或者是重复儿童刚刚说过的话。当儿童停顿时间过长，评估者可以问儿童："还有吗？""接下来呢？""然后呢？"每张图至多询问一次。③ 建议评估者利用纸质版评估记录表进行现场同步打分。当有部分声音不确定时，可在评估结束后通过听现场录音再进行打分，以保证评分的准确性。

（5）测验评分

看图叙事能力测验评估的评分分为分图讲述和整体讲述两个部分，分图讲述涉及内容和句法两个部分，整体讲述涉及时间、地点、人物、故事讲述的顺序性、故事内容的完整和连贯性、故事的宏观结构、整体句法、韵律感和清晰度共 9 个方面的内容，具体评分细则以《做客》为例，评分标准如表 5-1-13 所示。

表 5-1-13　看图叙事能力测验项目评分标准

评分内容	评量项目	分值	评分标准		举例
分图讲述	内容	1 分	0 分：无应答或内容不完整 1 分：能说出（① 握手 ② 做客 ③ 去小兰家玩）（1/3）	0 分	例 1 "她们是朋友。" 例 2 "她们在笑。"
				1 分	例 3 "她们在握手。" 例 4 "有一天小花来小兰家玩。" 例 5 "小花到小兰家做客去了。"
	句法	1 分	0 分：无应答或句法不完整 1 分：至少说出一句合乎题意的完整句子	0 分	例 1 "握手。" 例 2 "做客。"
				1 分	例 3 "她们在握手。" 例 4 "小花到小兰家做客去了。"
整体讲述	时间	1 分	0 分：无应答或没有出现任何关于时间的词语 1 分：能说出（① 有一天 ② 早上/晚上 ③ 天黑了 ④ ……之后 ⑤ ×点钟）（1/5）	0 分	例 1 "小兰到小花家做客，吃了水果和茶，唱了歌跳了舞，小花就走了。"
				1 分	例 2 "唱好歌之后，小花就走了。" 例 3 "<u>有一天</u>，小女孩进到了她的好朋友小兰家，小兰跟她握握手。" 例 4 "<u>七点钟</u>，小兰和小花一起说拜拜。"
	地点	1 分	0 分：无应答或没有出现任何关于地点的词语 1 分：能说出（① 小兰家 ② 客厅）（1/2）	0 分	例 1 "小兰和小花握握手，她们一起吃水果，喝茶，还唱了歌跳了舞，然后小花就走了。"
				1 分	例 2 "客人来到小兰的<u>家里</u>。" 例 3 "小兰邀请小花来<u>她家</u>做客，小花到<u>她家</u>的时候，要先和她握一个手。" 例 4 "她们<u>在客厅里</u>唱歌跳舞。"
	人物	2 分	0 分：没有提及故事中的人物 1 分：仅说出其中一个人物，或用"她们"代替，或人物命名前后不一致，或由评估者提醒人物名称 2 分：说出两个人物，且名称正确（① 小兰 ② 小花）（2/2）	0 分	例 1 "握手，笑了。"
				1 分	例 2 "<u>她们</u>在握手，还在笑。" 例 3 "<u>这个人</u>坐在这，<u>这个人</u>要给她倒水。"
				2 分	例 4 "<u>小兰</u>请<u>小花</u>吃水果，<u>小兰</u>还请<u>小花</u>喝水。" 例 5 "<u>小兰</u>在唱歌，<u>小花</u>在跳舞。"

续表

评分内容	评量项目	分值	评分标准		举例
	故事讲述的顺序性	1分	0分：不能按照图片1、2、3、4的顺序说出故事或是图片有遗漏 1分：能按照图片1、2、3、4的顺序说出故事，且图片没有遗漏	0分	例1 "她们唱歌，哈哈笑，握握手，倒杯茶。"
				1分	例2 "小花来小兰家玩，她跟小兰说你好，还跟她握了手。后来小兰给小花端来了水喝。小兰来唱歌，小花来跳舞。小花要回去了，小花跟小兰说再见，小兰跟小花说再见。"
	故事内容的完整和连贯性	1分	0分：故事描述不完整，或前后无连贯性，或缺少对其中某张图片的描述 1分：故事描述完整且前后有连贯性	0分	例1 "她请她去她家呢，第二呢，她给她端水喝，她杯子是空的；第三呢，她给她唱歌跳舞，然后没啦，然后又跟她打招呼。"
				1分	例2 "小花到小兰家玩，小兰给小花送吃的。然后，小兰给小花唱歌。然后小花走了，小兰跟她说再见。"
整体讲述	故事的宏观结构	4分	0分：无法讲述 1分：能够谈论画面中的任何人、事、物，但所说内容之间不能形成完整的语句 2分：能围绕着主人公及相关主题的内容进行简单陈述，但内容之间没有联结 3分：讲述的故事中已经包含了一系列合乎逻辑的内容，出现了连接词，但内容之间的组织联结尚未成熟 4分：叙事中包含所有的故事要素，能够详尽、合乎逻辑地讲述一个完整的故事，且能较好地对内容进行组织	0分	例1 不能讲述
				1分	例2 "唱歌，再见，邀请她，吃苹果。"
				2分	例3 "她们在握手。第二张，吃东西。第三张，唱歌跳舞。第四张，回头见。"
				3分	例4 "她们两个好朋友进屋子里来了，然后小兰和小花一起吃东西。然后呢，小兰唱歌，小花跳舞，然后她们两个说再见了。"
				4分	例5 "有一天，小兰邀请小花来她家做客，然后呢，小兰说：'小花，你好，你今天到我家来做客开心吗？'然后呢，小花说：'开心。'然后呢，小兰端来了一杯茶给小花喝，自己也端来了一杯茶。然后呢，她还拿来了一根香蕉和两个苹果。然后，她们吃好香蕉，吃好苹果，喝好茶，就一起唱歌跳舞。然后，小兰唱歌，小花跳舞。然后天黑了，小花说：'我要回家了，小兰。'小兰说：'好，那下次再来我家做客。'最后，小花说：'再见小兰。'小兰也说：'再见小花。'"

续表

评分内容	评量项目	分值	评分标准	举例	
整体讲述	整体句法	4分	0分：无法讲述 1分：以词为主的讲述 2分：以短语为主的讲述 3分：以简单句（主谓宾）为主的讲述 4分：以简单修饰句（加入修饰词如形容词等）讲述	0分	例1 不能讲述
				1分	例2 "握手，吃饭，唱歌，再见。"
				2分	例3 "在握手，在吃水果，在唱歌跳舞，在挥手。"
				3分	例4 "小花来做客，她们在喝茶，她们一起唱歌跳舞，她们说再见。"
				4分	例5 "有一次小兰和小花约好了到小兰的家玩，然后小兰很开心地给她摆好了点心还有水果，然后还有她们在唱歌跳舞，蹦蹦跳跳的，玩累了之后，小花要回家了，她们挥着手说拜拜。"
	韵律感	1分	0分：音调单一 1分：在讲述过程中声情并茂，有韵律感		
	清晰度	2分	0分：基本听不清 1分：听起来很费劲，绝大多数的音都不清楚 2分：绝大部分的音是清晰的，可以允许有个别音不清楚		

（6）停止测验

若儿童无法进行看图故事讲述，则停止测验。

（7）分数计算

将两个故事各题项所得分数相加，即得到该项测验的原始分。该项测验最高分为50分。

（二）辅助测验的测验内容及方法

1. 前语言沟通技能测验

（1）测验准备

开始前语言沟通技能测验前，应将测验用具提前准备好，并放置在评估者方便取用的位置。由于测验用具多为玩具，因此在使用前最好放置在儿童视野范围之外，避免分散儿童注意力。

纸质版前语言沟通技能测验用具包括① 实物：方形积木、玩具汽车、玩具火车、玩具轮船、发声橡皮鸭、发光玩具球等可以引起儿童兴趣的玩

视频

前语言沟通技能测验评估示范

具（注：该评估中的评估用具可以用其他具有吸引力适中、大小适宜、携带方便等特点的物品进行替换）。② 记录用具：前语言沟通技能测验评估记录表、摄像机等，测验结束后评估者可根据录像来进行评分。

此外，还有一种是计算机软件版测验，在该软件中会有评估指导，方便评估者观看，同时该软件自带录像功能，以方便评估者监控评估过程，评估者可以对录像进行保存并多次观看，且可以直接进行在线评分。

安排评估座位时，评估者与儿童分别坐在桌子一角的两侧，且距离适中，评估者与儿童呈90°角坐位（适用于3岁及以上儿童），年龄较小（3岁以下）的儿童可采用坐在地毯上的方式进行。评估用具要求放置于儿童面前，用最佳的视觉呈现效果以便儿童观察。动作示范要求动作明确，角度易于儿童观察，声音模仿中评估者的音量应适中。

（2）测验内容

前语言沟通技能测验的内容主要包括沟通动机、要求技能、共同注意、模仿技能等4个方面的内容，每个方面包含2个题项。具体内容如表5-2-1所示。

表5-2-1 前语言沟通技能测验评估项目表

序号	题目	表现
1	被叫到名字能恰当反应	○表现明显○表现不明显○无相关表现
2	能看着说话的人	○表现明显○表现不明显○无相关表现
3	能主动跟随他人的视线	○表现明显○表现不明显○无相关表现
4	能关注新异刺激	○表现明显○表现不明显○无相关表现
5	能主动提出要求	○表现明显○表现不明显○无相关表现
6	能主动模仿他人发声	○表现明显○表现不明显○无相关表现
7	能主动模仿他人的简单动作	○表现明显○表现不明显○无相关表现
8	能主动吸引别人的关注	○表现明显○表现不明显○无相关表现

（3）指导语

在开始前语言沟通技能测验之前，评估者可以用"××，玩一玩，做一做"，引导儿童参与之后的评估活动。

注意：在进行前语言沟通技能测验时，每一个题项的具体指导语会有所不同，具体内容可参照正式评估中的讲解。

（4）测验方法

该阶段的评估共有 8 项，每一个题项均测试 3 次。第 1 项"被叫到名字能恰当反应"，评估者可以通过在前语言沟通技能整个测验过程中，随机叫儿童的名字（可以是儿童的昵称）3 次，观察儿童是否出现恰当反应，如用声音回应、眼睛转向评估者、肢体靠近或点头。第 2 项"能看着说话的人"，评估者通过在叫儿童的名字、与儿童讲话（如向其发出指令）时，观察儿童能否出现用目光注视评估者的行为，从而进行判定。第 3 项"能主动跟随他人的视线"，评估者可以通过声音（如说"咦"）引起儿童与其视线接触后，诱导儿童跟随其视线关注隐藏在桌下、左手或右手中的玩具进行判定。第 4 项"能关注新异刺激"，评估者给予儿童新异刺激（如突然发出汽车的声音），观察儿童能否表现出望向新异刺激、肢体靠近新异刺激物等关注行为。第 5 项"能主动提出要求"，评估者将儿童感兴趣的玩具/食物等刺激物放在其面前，观察儿童能否在 5—10 秒内用肢体语言/图片/口语等任意形式提出要求（如用手指指向玩具或用口语说"我要……〈玩具的名字〉"等）。随机选取刺激物重复评估 3 次。第 6 项"能主动模仿他人发声"，评估者拿出玩具汽车，对着儿童发"嘀"的声音，观察儿童能否模仿 1 次发声，之后再进行"嘟"及"呜"的声音模仿。评估共进行 3 次，每次给予儿童 5—10 秒的时间。第 7 项"能主动模仿他人的简单动作"，评估者在儿童面前示范用手推小车，然后将小车拿到儿童手边，对儿童说"轮到你了"，观察儿童能否在 5—10 秒内模仿该动作，具体方式可以参照此类难度进行。第 8 项"能主动吸引别人的关注"，评估者让儿童把玩感兴趣的玩具，观察儿童在活动中是否出现主动吸引他人关注的行为（如将玩具拿起来向别人展示或用口语说"你看！"等）。本评估是通过儿童与评估者的互动过程完成的。

注意：① 整个评估过程要求评估者对测验题目十分熟悉，整个过程中题目之间过渡流畅。② 评估者在模仿技能评估时避免进行多次示范，最多给儿童 3 次机会。③ 评估者不必纠正儿童的模仿错误。④ 若儿童在 5—10 秒内没有反应则进行下一个题项的评估。⑤ 建议评估者利用纸质版评估记录表进行现场同步打分，同时进行现场录像。若有部分反应不确定时，可在评估结束后通过观看现场录像再进行打分，以保证评分的准确性。⑥ 进行第一项评估时应避免连续重复地叫 3 次儿童的名字，3 次测验应间隔进行。⑦ 进行第 3 项评估时，类似"咦"的拟声词，可以用其他吸引儿童注意的声音替代。⑧ 对儿童有一定吸引力的物品即可以作为新异刺激物。⑨ 声音模仿和动作模仿中的声音和动作可以采用与例子中的难度相似的内容进行替换。

（5）测验评分

表 5-2-2 前语言沟通技能测验评分标准及说明

评价项目	评分标准	评分说明
被叫到名字能恰当反应	2 分：表现明显，有 2 次及以上的恰当反应 1 分：表现不明显，仅有 1 次恰当反应 0 分：无相关表现，对自己的名字无反应	除了选择相应的表现等级之外，需要采用 0、1 记录的方式，依次记录 3 次呼名反应的结果，0 表示无反应，1 表示有恰当反应
能看着说话的人	2 分：表现明显，有 2 次及以上的恰当反应 1 分：表现不明显，仅有 1 次恰当反应 0 分：无相关表现，无反应	呼名反应中出现的目光注视也可计入
能主动跟随他人的视线	2 分：表现明显，出现 2 次及以上明显的跟随评估者视线的行为 1 分：表现不明显，仅出现 1 次明显的跟随评估者视线的行为 0 分：无相关表现，均未出现明显的跟随评估者视线的行为	如在本项评估过程外出现的主动跟随视线的表现，只要属于前语言沟通技能的评估过程同样计分
能关注新异刺激	2 分：表现明显，有 2 次及以上能够关注到新异刺激 1 分：表现不明显，仅有 1 次能关注到新异刺激 0 分：无相关表现，未能关注到新异刺激	① 如在本项评估过程外出现关注新异刺激的表现，只要属于前语言沟通技能的评估过程同样计分 ② 本项评估中出现的刺激应该出现在儿童视线之内
能主动提出要求	2 分：表现明显，能主动提出 2 个及以上的要求 1 分：表现不明显，仅能主动提出 1 个要求 0 分：无相关表现，未能主动提出要求	① 儿童主动提出要求才计分，问答式的回应不计分（如评估者问："你要吗？"儿童回答："要。"则此处不计分） ② 若儿童采用不恰当行为（如抢夺、大哭等）主动表达要求，不计分，但应在备注中标明 ③ 若儿童具有口语表达能力但仍使用非口语形式表达要求，同样计分，但应在备注中标明 ④ 如在本项评估过程外出现主动表达要求的行为，同样计分

续表

评价项目	评分标准	评分说明
能主动模仿他人发声	2分：表现明显，出现2次及以上主动模仿评估者发声的行为 1分：表现不明显，仅出现1次主动模仿评估者发声的行为 0分：无相关表现，未出现主动模仿评估者发声的行为	① 若儿童出现模仿发声，但发声的相似度不高，同样计分；若仅出现口部运动，无发声，则不计分 ② 如在本项评估过程外出现模仿发声的表现，只要属于前语言沟通技能的评估过程，同样计分
能主动模仿他人的简单动作	2分：表现明显，出现2次及以上主动模仿评估者动作的行为 1分：表现不明显，仅出现1次主动模仿评估者动作的行为 0分：无相关表现，未出现主动模仿评估者动作的行为	① 在以下情况中同样计分：儿童手中的小车在飞越过程中掉落；儿童手中的积木在运送至小车的过程中掉落 ② 如在本项评估过程外出现模仿动作的行为，只要属于前语言沟通技能的评估过程，同样计分 ③ 评估者示范动作时的运动轨迹应由近到远
能主动吸引别人的关注	2分：表现明显，出现2次及以上主动吸引别人关注的行为 1分：表现不明显，仅出现1次主动吸引别人关注的行为 0分：无相关表现，未出现主动吸引别人关注的行为	① 若儿采用不恰当行为主动吸引别人关注（如尖叫、向评估者吐口水等），同样计分，但应在备注中标明 ② 如在本项评估过程外出现主动吸引别人关注的行为，只要属于前语言沟通技能的评估过程，同样计分

（6）停止测验

前语言沟通技能测验须将所有题项全部测完。

（7）分数计算

将各题项所得分数相加，即得到该项测验的原始分。前语言沟通技能测验的最高分为16分。

2. 语音感知能力测验

（1）测验准备

语音感知能力测验有两种形式。一种是纸质版测验，测验前需要准备语音感知能力测验图卡、语音感知能力测验评估记录表（表8-3-2）、录音笔等。采用纸质方式进行测验时，评估者的普通话水平要达到二级甲等以上。测验时评估者要控制好给声时的语速和响度等，通常语速和响度要适中，以确保儿童能够听清。如果儿童存在听觉障碍，为确保儿童能够听到，给声时可以响度稍大，以减少无关因素对测验结果的影响。另一种是计算机软件版测验，可以采用普通话儿童语言能力临床分级评估——语音

视 频

语音感知能力测验评估示范

感知能力测验软件进行。如果儿童对测验软件中的录音不敏感,须采用纸质版进行测验。

(2)测验内容

语音感知能力测验包括对声母和韵母的分辨和识别,韵母识别词表选用了《汉语拼音方案》,覆盖了汉语拼音中的全部声母及零声母y、w,共23个,按照语音评估词表编制规则组成3个分词表,每个分词表25个词,共75个词。声母识别词表由于声母不能组成音节,因此与韵母组合形成有意义的词语进行评估。

(3)指导语

该测验采用听话选择法,指导语为:听一听,选一选。

(4)测验方法

测验开始时,评估者向儿童呈现例题,并让儿童进行练习,熟悉评估规则。对例题的反应对错不计入总分。待儿童掌握测验规则后,开始正式评估,每个题项仅测验一次。例如,在识别"鼻(bí)—白(bái)—拔(bá)"时,评估者逐一给出图片并发音,接着让儿童通过短时记忆记住每张图片所对应的语音,然后给出目标音让儿童在3个选项中进行选择。练习2—3次,如果儿童学会,则正式开始测验。

(5)测验评分

语音感知能力测验采用0、1计分法,正确得1分,错误或无反应得0分,同时记录错误走向,作为后期拟定康复训练计划的依据。表5-2-3为某儿童语音感知能力测验第6题的测验结果。该儿童将"切"听成了"街",因此该题项计0分,错误走向为"1→3"。

表5-2-3 语音感知能力测验评分记录举例

测验内容			得分	错误走向 (正→误)
词表1	词表2	词表3		
切(qiē)	贴(tiē)	街(jiē)	0	1→3

(6)停止测验

若儿童连续8题无反应或反应错误,则停止测验。

(7)分数计算

将各题项所得分数相加,即得到该项测验的原始分。该项测验最高分为25分。

3. 语音产生能力测验

（1）测验准备

视 频

语音产生能力
测验评估示范

语音产生能力测验有两种形式。一种是纸质版测验，测验前需要准备语音产生能力测验图卡、语音产生能力测验评估记录表、录音笔等。采用纸质方式进行测验时，评估者的普通话水平要达到二级甲等以上。测验时评估者要控制好给声时的语速和响度等，通常语速和响度要适中，以确保儿童能够听清。如果儿童存在听觉障碍，为确保儿童能够听到，给声时可以响度稍大，以减少无关因素对测验结果的影响。另一种是计算机软件版测验，可以采用普通话儿童语言能力临床分级评估——语音产生能力测验软件进行。如果儿童对软件测验中的录音不敏感，须采用纸质版进行测验。

（2）测验内容

语音产生能力评估的内容主要包括了汉语体系中的声母（21个）、韵母（36个）、声调（4个）。其中声母有：b、p、m、f、d、t、n、l、g、k、h、j、q、x、zh、ch、sh、r、z、c、s。韵母有：i、iou、ing、uo、ian、eng、u、ün、ü、ai、an、ang、e、uei、iao、en、ou、ua、ao、in、a、uai、iong、ong、er、ia、üe、iang、uan、ei、o、uang、üan、ie、uen、ueng。声调有：一声、二声、三声、四声。

（3）指导语

语音产生能力评估阶段的指导语较为简单，指导语为："看一看，说一说，图片上有什么？/他在做什么？"当儿童表达的内容与目标音不一致或者是儿童无法自主表达，抑或是儿童表达存在构音语音问题时，评估者要求儿童进行跟读，指导语为："请跟我说一样的"。

（4）测验方法

正式测验开始前，评估者先向儿童呈现例题，并让儿童进行练习，熟悉评估规则。待儿童学会后，开始正式评估，每个题项仅测验一次。例如，在进行题"气球"的评估时，首先，评估者指着图片上的"气球"，而后给出指导语："看一看，说一说，图片上有什么？"要求儿童自主表达。若儿童自主表达为"气球（qì qiú）"，则进入下一题；若儿童表达错误，如表达的内容为"球（qiú）"或者无法自主表达，抑或是儿童说出的语音存在构音问题如"气球（yì qú）"时，则评估者应用标准普通话给出指导语"请跟我说一样的，'气球（qì qiú）'"，并要求儿童跟读。

在评估过程中需要注意的有：① 例题反应对错不计入总分。② 评估者不可去纠正儿童的错误。③ 建议评估者利用纸质版评估记录表进行现场同步打分。若有部分声音不确定，可在评估结束后通过听现场录音再进行打分，以保证评分的准确性。

（5）测验评分

语音产生能力测验采用 0、1 计分法，发音正确（语音清晰度要达到 80% 以上的正常人能够辨识出该目标音）得 1 分，错误得 0 分，同时给出结果分析，包括：第一，歪曲；第二，遗漏；第三，替代，如 p→b，p 为目标音，b 为儿童表达时替代目标音的音节。具体结果记录方式以题"气球"为例。

若儿童自主表达为"气球（qì qiú）"，则正确，得 1 分，结果记录如表 5-2-4 所示。

表 5-2-4　语音产生能力测验评分记录举例 1

题项	声母			韵母		
	目标音	得分	结果分析	目标音	得分	结果分析
气球	q	1	正确	i	1	正确
				iou	1	正确

若儿童跟读后发出的语音为"气球（qì qiú）"，则正确，得 1 分，结果记录同上表。若儿童跟读后发出的语音为"气球（yì qú）"，则错误，得 0 分，结果记录如表 5-2-5 所示。结果分析中需记录下儿童的错误类型和错误走向，以便评估结束后作为制订康复计划的依据。

表 5-2-5　语音产生能力测验评分记录举例 2

题项	声母			韵母		
	目标音	得分	结果分析	目标音	得分	结果分析
气球	q	0	遗漏	i	1	正确
				iou	0	iou→ü

（6）停止测验

若儿童连续 8 题没有反应或者反应完全错误则停止测验。

（7）分数计算

将各题项所得分数相加，即得到该项测验的原始分。该项测验最高分为 61 分。

4. 模仿句长能力测验

（1）测验准备

模仿句长能力测验有两种测验形式。一种是纸质版测验形式，需要准备的测验用具有：模仿句长能力测验图卡、模仿句长能力测验评估记录表、录音笔。采用纸质方式进行测验时，评估者的普通话水平要达到二级甲等以上。测验时评估者要控制好给声的语速和响度等，通常语速和响度要适中，以确保儿童能够听清。如果儿童存在听觉障碍，为确保儿童能够听到，给声时响度可以稍大，以减少无关因素对测验结果的影响。另一种是计算机软件版测验，可以采用普通话儿童语言能力临床分级评估——模仿句长能力测验软件进行。如果儿童对测验软件中的录音不敏感，则须采用纸质版进行测验。

模仿句长能力测验评估示范

（2）测验内容

模仿句长能力测验的内容选取适用不同生活场景的句子，遵循儿童记忆能力发展规律和汉语语法规则，通过语音播放或口述句子，要求儿童完整准确地复述目标句。句子长度从 5 个字的句长开始，按照 2 个字的梯度逐渐增加句子长度，每个长度的句子有 2 个题项，最长的句长为 19 个字，测验题项详见表 8-3-7 所列。

（3）指导语

模仿句长能力测验的指导语为："请跟我说一样的。"

（4）测验方法

正式测验开始前，评估者先向儿童呈现例题，并进行练习，让儿童熟悉评估规则。如在进行例题"猫吃鱼"的练习时，首先，评估者给出指导语"请跟我说一样的"，而后用语音播放或口述目标句，要求儿童复述。若儿童自主复述为"猫吃鱼"，则进入下一题；若儿童表达错误，如表达的内容为"猫"或者无法自主表达，抑或是儿童说出的复述句存在语法混乱问题，如"鱼吃猫"时，则评估人员用标准普通话重复指导语"请跟我说一样的，'猫吃鱼'"，并要求儿童再次复述。待儿童学会后，开始正式评估，每一个目标句仅用语音播放或口述一次。

在评估过程中例题反应对错不计入总分，尽可能现场打分并对测验过程进行录音，以便当有部分声音不确定时，可在评估结束后通过听现场录音再进行打分，以保证评分的准确性。

（5）测验评分

模仿句长能力测验采用0、1计分法，若儿童能够完整准确地复述目标句，得1分。若儿童未能完整复述目标句，出现遗漏、添加或语法错误等问题，得0分。

（6）停止测验

每级别中有1个题项正确则视为该级别的测验通过，可以继续进行测验，若连续2个级别（4个题项）均为错误则停止测验。

（7）分数计算

模仿句长能力测验与其他测验的分数计算方法不同，将儿童能够完整准确复述的最长的句子长度即该句子的字数，作为该项测验的最终得分。该项测验最高分为19分。

六、评估结果分析

（一）标准化测验结果分析

词语理解能力测验、词语命名能力测验、句子理解能力测验、句式仿说能力测验以及看图叙事能力测验等5个标准化测验的原始分计算出来之后，评估者将原始分填入普通话儿童语言能力临床分级评估报告单相应的栏内，并根据儿童所属年龄组在原始分等值量表分换算表（表8-1-1、表8-1-2、表8-1-3）中查到该儿童原始分所对应的量表分，填入相应的量表分栏内。如果需要了解该儿童原始分在其所属年龄组中的百分等级，可以根据儿童所属年龄组在原始分等值百分等级换算表（表8-1-4、表8-1-5、表8-1-6）中查到该儿童原始分所对应的百分等级。

表 6-1-1 普通话儿童语言能力临床分级评估结果解释参考标准

分测验量表分	语言商数	语言能力	语言能力描述
17—19	≥131	高 ↑ ↓ 低	非常高
15—16	121—130		高
13—14	111—120		平均以上
8—12	90—110		平均
6—7	80—89		平均以下
4—5	70—79		低（边缘）
1—3	≤69		非常低

由于儿童的语言发展正常水平具有一定的区间范围，如表6-1-1所示。如果该儿童处于正常发展范围内，为避免引起误解，则无须进一步确定该儿童语言发展所对应的语言年龄；如果该儿童显著落后于正常范围，除量表分、百分等级外，还可以参考该儿童在各分测验中的原始分所对应的语言年龄（表8-1-9）估计儿童现有的语言发展水平。

根据儿童各分测验的量表分，将词语理解能力测验和句子理解能力测验的量表分相加，得到语言理解的量表分；将词语命名能力测验、句式仿说能力测验的量表分相加，得到语言表达的量表分；看图叙事能力测验的量表分即为语言综合运用的量表分；将全部5个分测验的量表分相加，即得到该儿童的语言能力总量表分。根据儿童的语言能力总量表分从量表分等值语言商数换算表（表8-1-7）中可以查得该儿童的语言商数。如果需要进一步了解该儿童在其所属年龄组中所处的百分等级，可以根据该儿童的语言商数在语言商数等值百分等级换算表（表8-1-8）中查到该儿童语言商数所处的百分等级。

判断某一儿童在各分测验上的得分及其在语言理解、语言表达、语言综合运用以及总的语言能力上是否显著低于正常群体，可以参考表6-1-1所给出的标准：通常认为量表分在4—5之间，语言商数在70—79之间，处于语言障碍的边缘状态；而量表分低于4，语言商数低于70则表示存在语言障碍的可能性非常高，其语言能力可描述为非常低。

（二）目标参照测验结果分析

普通话儿童语言能力临床分级评估量表中目标参照测验主要包括前语言沟通技能测验、语音感知能力测验、语音产生能力测验以及模仿句长能力测验。前语言沟通技能测验、语音感知能力测验以及语音产生能力测验等 3 个目标参照测验的评价指标为儿童在该测验上的正确率。计算公式如下：

$$正确率 = 得分 / 总分 \times 100\%$$

在以上 3 个测验中，分别将各测验的题项得分相加，得到目标参照测验各分测验的原始分，并将原始分填入普通话儿童语言能力临床分级评估报告单的相应栏内，同时计算并填写该测验的结果。

模仿句长能力测验主要参考该测验的百分等级，根据儿童所能够模仿的句子长度在表 8-1-10 中查得其所在百分等级（或百分等级的范围），并将儿童所能够模仿的句子长度及百分等级填入普通话儿童语言能力临床分级评估报告单的相应栏内。由于目标参照测验所测内容为儿童语言沟通的基本能力，对目标参照测验的情况进行错误分析尤为重要，该分析可以为制订康复训练计划提供重要依据。

七、评估个案举例

（一）基本信息

李 ×，女，2012 年 9 月 15 日出生，听障，左耳裸耳听阈为 120 dBHL（分贝），右耳裸耳听阈为 115 dBHL；听力补偿方式为左耳佩戴助听器，右耳植入人工耳蜗，左耳听力补偿效果为看话，右耳听力补偿效果为最适。听觉年龄 3 岁 7 个月，对该儿童进行 1 年的语言训练后对其进行语言能力评估。评估时，儿童实足年龄为 4 岁 3 个月 18 天。由于该儿童已能够运用语言与人进行沟通，且明显不存在前语言沟通技能障碍，因此无须对其进行前语言沟通技能测验。

（二）评估结果

1. 语音感知能力测验结果

李 × 语音感知能力测验结果如表 7-2-1 所示。

表 7-2-1 语音感知能力测验结果分析表

序号	测验内容			得分	错误走向（正→误）	k	测验得分 k·x	归一化系数 k		
	词表1	词表2	词表3					1	2	3
例	鼻（bí）	白（bái）	拔（bá）	1						
例	风（fēng）	方（fāng）	飞（fēi）	1						
1	白（bái）	柴（chái）	埋（mái）	1				1	1	1
2	塔（tǎ）	打（dǎ）	马（mǎ）	1				1	1	1
3	猫（māo）	刀（dāo）	包（bāo）	1				0.15	1	1
4	喝（hē）	哥（gē）	车（chē）	0	1→3			1	1	1
5	脱（tuō）	锅（guō）	桌（zhuō）	1				1	0.60	1
6	切（qiē）	贴（tiē）	街（jiē）	1				1	1	0.86
7	瓜（guā）	刷（shuā）	花（huā）	1				1	0.99	1
8	鸟（niǎo）	脚（jiǎo）	表（biǎo）	1				1	1	0.70
9	灯（dēng）	风（fēng）	扔（rēng）	1				1	0.60	1
10	攀（pān）	搬（bān）	山（shān）	1				1	1	1
11	臭（chòu）	楼（lóu）	猴（hóu）	1				1	1	1
12	刺（cì）	四（sì）	日（rì）	1				1	1	0.99
13	线（xiàn）	面（miàn）	链（liàn）	1				0.44	1	1
14	龙（lóng）	红（hóng）	虫（chóng）	1				1	1	1
15	握（wò）	坐（zuò）	落（luò）	1				0.70	1	1
16	六（liù）	球（qiú）	牛（niú）	1				1	1	1
17	鸡（jī）	七（qī）	西（xī）	1				0.60	1	1
18	书（shū）	猪（zhū）	哭（kū）	1				0.86	1	1
19	盆（pén）	门（mén）	闻（wén）	1				1	1	0.86
20	铃（líng）	星（xīng）	镜（jìng）	1				1	1	1
21	水（shuǐ）	嘴（zuǐ）	腿（tuǐ）	1				0.44	1	1

续表

序号	测验内容			得分	错误走向（正→误）	k	测验得分 k·x	归一化系数 k		
	词表1	词表2	词表3					1	2	3
22	狗（gǒu）	手（shǒu）	走（zǒu）	0	1→2			1	0.15	1
23	妹（mèi）	黑（hēi）	飞（fēi）	1				1	1	1
24	鱼（yú）	驴（lǘ）	女（nǚ）	1				1	1	0.99
25	家（jiā）	虾（xiā）	鸭（yā）	1				1	0.86	1
语音感知能力测验总分								23		
备注										

注：归一化系数主要便于计算语音识别率得分，根据同一组词组内词语权重值，对其进行归一化处理。其计算方法可参见《儿童汉语语音识别词表语谱相似性的标准化研究》[①]。

由表 7-2-1 可以看出，该儿童在语音感知能力测验上的得分为 23 分，对语音的识别率为 92.00%（23/25×100%），评估结果显示该儿童的错误项为第 4 项和第 22 项，第 4 项的错误走向为 "1→3"，第 22 项的错误走向为 "1→2"。

2. 语音产生能力测验结果

李 × 语音产生能力测验结果如表 7-2-2 所示。

表 7-2-2　语音产生能力测验结果分析表

序号	项目	声母			韵母			声调	
		目标音	得分	结果分析	目标音	得分	结果分析	目标音	得分
例	娃娃	w							
例	太阳	y							
1	气球	q	1		i	1			
					iou	1			
2	苹果	p	1		ing	1			
		g	1		uo	1			
3	电灯	d	1		ian	1			
					eng	1			

[①] 孙喜斌，张蕾，黄昭鸣，等 . 儿童汉语语音识别词表语谱相似性的标准化研究 [J]. 中国听力语言康复科学杂志，2006（1）：16-20.

续表

序号	项目	声母			韵母			声调	
		目标音	得分	结果分析	目标音	得分	结果分析	目标音	得分
4	乌云				u	1		wū	1
					ün	1			
5	女孩	n	1		ü	1			
		h	1		ai	1			
6	吃饭	ch	1						
		f	1		an	1			
7	唱歌				ang	1			
					e	1			
8	喝水	sh	1		uei	1			
9	跳绳	t	1		iao	1			
10	枕头	zh	1		en	1			
					ou	1			
11	西瓜	x	1						
					ua	1			
12	毛巾	m	1		ao	1			
		j	1		in	1			
13	拔草	b	1		a	1			
		c	0	c→ch					
14	筷子	k	1		uai	1			
		z	1						
15	熊猫				iong	1			
16	红色				ong	1			
		s	1						
17	耳朵				er	1		ěr	1
18	虾仁				ia	1			
		r	1						

续表

序号	项目	声母			韵母			声调	
		目标音	得分	结果分析	目标音	得分	结果分析	目标音	得分
19	月亮	l	1		üe	1		yuè	1
					iang	1			
20	酸奶				uan	1			
21	飞机				ei	1			
22	萝卜								
23	窗户				o	1			
					uang	1			
24	拳头				üan	1			
25	姐姐				ie	1			
26	蚊子				uen	1		wén	1
27	不倒翁				ueng	0	ueng→uen		
		声母总分	20		韵母总分	35		声调总分	4
备注									

由表 7-2-2 可以看出,该儿童总的语音清晰度为 96.72% [(20+35+4)/61×100%],其中声母发音正确率为 95.24%,错误项为第 13 项,错误走向为 "c→ch";韵母正确率为 97.22%,错误项为第 27 项,错误走向为 "ueng→uen"。

3. 词语理解能力测验结果

李 × 词语理解能力测验结果如表 7-2-3 所示。

表 7-2-3 词语理解能力测验结果分析表

序号	测验内容					得分	错误走向（正→误）
	目标词	测验词1	测验词2	测验词3	测验词4		
例	猫	知了	猫	兔子	袋鼠		
例	米饭	鸡蛋	米饭	青菜	汤		
1	火车	火车	轮船	飞机	汽车	1	
2	鞋子	上衣	裤子	鞋子	袜子	1	
3	吹	切（蛋糕）	吹	喝（牛奶）	咬（积木）	1	
4	老人	婴儿	小孩	大人	老人	1	
5	警车	消防车	卡车	警车	公交车	1	
6	爸爸	爷爷	妈妈	奶奶	爸爸	1	
7	动物	家具（椅子）	玩具（玩具车）	植物（盆景）	动物	0	4→2
8	冰激凌	冰激凌	棒棒糖	巧克力	牛奶	1	
9	快	慢1（大象）	慢2（乌龟）	快	慢3（蜗牛）	1	
10	彩虹	彩虹	晴天	闪电	刮风	1	
11	空调	电风扇	台灯	电冰箱	空调	1	
12	圆形	圆形	三角形	正方形	五角星	1	
13	上楼	出门	下楼	进门	上楼	1	
14	打伞	打伞	扔（球）	跳绳	拿伞	1	
15	太阳	星星	太阳	天空	月亮	1	
16	敲	摇	敲	吹	拉	1	
17	推	推	拉（车）	找	扛（自行车）	1	
18	拍（皮球）	叉（手）	拍（皮球）	挥（手）	碰（皮球）	1	
19	高	胖	高	矮	瘦	1	
20	直的	弯的（1）	弯的（2）	直的	弯的（3）	1	
21	伤心	平静	高兴	伤心	生气	1	
22	倒	按	拎	捧	倒	1	
23	举	拎	搬	举	捡	1	
24	跳	跳	爬	走	跑	1	
25	冬天	春天	秋天	夏天	冬天	1	
26	打针	看病	打针	吃药	包扎	1	
27	生日	圣诞节	儿童节	生日	春节	1	
28	凉鞋	运动鞋	凉鞋	拖鞋	皮鞋	0	2→4

续表

序号	测验内容					得分	错误走向（正→误）
	目标词	测验词1	测验词2	测验词3	测验词4		
29	小鸟	小鸟	小鸡	兔	鹅	1	
30	胸	胸	肚子	背	腿	0	1→2
31	瓶子	瓶子	杯子	盒子	笔筒	1	
32	硬	软1（枕头）	软2（毛绒玩具）	硬	软3（蛋糕）	1	
33	公路	铁路	公路	桥	河流	1	
34	擦	拖	扫	擦	浇（水）	0	3→4
35	鞭炮	灯笼	鞭炮	烟花	中国结	1	
词语理解能力测验总分						31	
备注							

由表 7-2-3 可以看出，该儿童在词语理解能力测验上的原始分为 31 分，根据该年龄组正常儿童的常模，从原始分等值量表分换算表（表 8-1-2）和原始分等值百分等级换算表（表 8-1-5）中可以查得，该儿童词语理解能力的量表分为 10，百分等级为 50%。

4. 词语命名能力测验结果

李 × 词语命名能力测验结果见表 7-2-4 所列。

表 7-2-4 词语命名能力测验结果分析表

序号	目标词	反应词语	得分	错误走向分析					
				无反应	新造词	相关描述	不相关描述	上位替代	同位替代	下位替代
例	猫									
例	跑步									
例	大									
1	肚子（肚皮、肚脐）		0	▲						
2	玉米		1							
3	画画		1							

续表

序号	目标词	反应词语	得分	错误走向分析					
				无反应	新造词	相关描述	不相关描述	上位替代	同位替代	下位替代
4	楼梯		1							
5	企鹅		1							
6	垃圾箱（垃圾桶）		1							
7	自行车（脚踏车）		1							
8	冰箱		1							
9	快		1							
10	薯条		1							
11	彩虹		1							
12	冷		1							
13	礼物（礼物袋）		1							
14	撕（撕开、撕烂、撕画）		1							
15	动物园（动物中心）		1							
16	摘（摘苹果、采苹果）		1							
17	打针		1							
18	菠萝	火龙果	0						▲	
19	医生		1							
20	窗户（窗、窗子）		1							
21	摸（摸头）		0	▲						
22	雨衣（雨披）		1							
23	近		1							
24	茄子		0	▲						
25	两本书（本）		1							
26	削	弄苹果	0			▲				
27	蔬菜		1							
28	硬（硬的）	重一点	0				▲			

续表

序号	目标词	反应词语	得分	无反应	新造词	相关描述	不相关描述	上位替代	同位替代	下位替代
						错误走向分析				
29	盛（舀）		1							
30	扣子（纽扣、纽子）		1							
31	烤（烧烤）	吃肉的	0			▲				
32	吹风机（电吹风）		1							
33	奖杯（冠军杯）		1							
34	矮		1							
35	堵车		1							
36	橙色（橘色、橘黄色）		1							
37	搬		1							
38	舒服		1							
39	消防员（消防员叔叔）		1							
40	轻（轻的）		1							
41	小偷	坏人	0			▲				
42	衣架（衣服架子）		1							
43	歪（歪的）		1							
44	骆驼		1							
45	细（细细的、细的）		1							
46	冬天（冬季）		1							
47	中国	升国旗	0			▲				
48	浴缸（洗澡盆）		1							
49	勇敢	开心	0				▲			
50	光盘（碟片）	看电视用的	0			▲				
51	迟到（来不及）	迷路	0				▲			
52	洒水车		1							

续表

序号	目标词	反应词语	得分	无反应	新造词	相关描述	不相关描述	上位替代	同位替代	下位替代
				错误走向分析						
53	蜜蜂	虫子	0					▲		
54	读书（念书、学习）		0	▲						
55	教室	幼儿园	0					▲		
56	难		0	▲						
57	帮助		1							
58	年轻	不年老	0			▲				
59	危险	不能做	0			▲				
60	健康（强壮）	身体好的	0			▲				
61	酒杯(玻璃杯、红酒杯、高脚杯)	喝酒的	0			▲				
62	难过（不开心）		1							
63	食指	手	0					▲		
64	批评（骂、生气）	骂他	0				▲			
65	扑（跳）		0						▲	
词语命名能力测验总分			42							
备注										

由表 7-2-4 可以看出，该儿童在词语命名能力测验上的原始分为 42 分，根据该年龄组正常儿童的常模，从原始分等值量表分换算表（表 8-1-2）和原始分等值百分等级换算表（表 8-1-5）中可以查得，该儿童词语命名的量表分为 8，其该项测验得分的百分等级为 25%。

5. 句子理解能力测验结果

李 × 句子理解能力测验结果如表 7-2-5 所示。

表 7-2-5 句子理解能力测验结果分析表

序号	测验内容					得分	错误走向（正→误）
	目标句	测验句 1	测验句 2	测验句 3	测验句 4		
例	小红骑车。	小红骑车。	小明骑车。	小明跑步。	小红跑步。		
例	小红拿水果。	小红拿水果。	小明拿水果。	小明画水果。	小红画水果。		
1	小明在房间里。	小明在房间里。	小明不在房间里。	小红在房间里。	小明在花园里。	1	
2	晚上小明唱歌。	白天小明唱歌。	晚上小明画画。	晚上小明唱歌。	晚上小红唱歌。	1	
3	小明画苹果。	小红画苹果。	小明画葡萄。	小明吃苹果。	小明画苹果。	1	
4	小明开汽车。	小明玩汽车。	小红开汽车。	小明开汽车。	小明开火车。	1	
5	小红有汽车。	小红有火车。	小红没有汽车。	小红有汽车。	小红有汽车。	1	
6	小明摔碎了红色的杯子。	小明摔碎了红色的杯子。	小明差点儿摔了红色的杯子。	小红摔碎了红色的杯子。	小明摔碎了绿色的杯子。	1	
7	小红把椅子推倒了。	小明把椅子放好了。	小红把椅子放好了。	小红把椅子推倒了。	小明把椅子推倒了。	1	
8	汽车开过来了。	火车开走了。	汽车开过来了。	汽车开走了。	火车开过来了。	1	
9	晚上小明在房间里唱歌。	晚上小明在房间外唱歌。	晚上小明在房间里画画。	晚上小明在房间里唱歌。	白天小明在房间里唱歌。	1	
10	椅子被小明放好了。	椅子被小明放好了。	椅子被小明推倒了。	椅子被小红放好了。	椅子被小红推倒了。	1	
11	小明追小红。	小明拉小红。	小明追小红。	小红追小明。	小红拉小明。	1	
12	小明有红色的汽车。	小明有红色的火车。	小明有红色的汽车。	小明有黑色的汽车。	小红有红色的汽车。	1	
13	小明拿着两辆红色的汽车。	小明拿着一辆红色的汽车。	小明拿着两辆黑色的汽车。	小明拿着两辆红色的汽车。	小明拿着两辆红色的火车。	1	
14	戴眼镜的男孩拿着红色的汽车。	戴眼镜的男孩拿着红色的火车。	戴眼镜的男孩拿着黑色的汽车。	戴眼镜的男孩拿着红色的汽车。	戴帽子的男孩拿着红色的汽车。	1	
15	小明在房间玩汽车。	小红在房间玩汽车。	小明在房间玩火车。	小明在房间玩汽车。	小明在花园玩汽车。	1	
16	胖胖的男孩有汽车。	胖胖的女孩有汽车。	瘦瘦的男孩有汽车。	胖胖的男孩有火车。	胖胖的男孩有汽车。	1	
17	小明吃完了苹果。	小明画好了苹果。	小明没画好苹果。	小明没吃完苹果。	小明吃完了苹果。	0	4→3
18	穿红衣服的小明在房间里玩汽车。	穿红衣服的小明在房间里玩火车。	穿黑衣服的小明在房间里玩汽车。	穿红衣服的小明在房间外玩汽车。	穿红衣服的小明在房间里玩汽车。	1	

续表

序号	测验内容					得分	错误走向（正→误）
	目标句	测验句1	测验句2	测验句3	测验句4		
19	小明把小红逗笑了。	小红把小明逗笑了。	小红把小明推倒了。	小明把小红逗笑了。	小明把小红推倒了。	1	
20	小明被小红推倒了。	小红被小明推倒了。	小明被小红逗笑了。	小明被小红推倒了。	小红被小明逗笑了。	1	
21	小明在房间外画好了苹果。	小明在房间里没画好苹果。	小明在房间外没画好苹果。	小明在房间里画好了苹果。	小明在房间外画好了苹果。	0	4→2
22	椅子比方桌子矮。	椅子比方桌子矮。	椅子比方桌子高。	圆桌子比椅子高。	圆桌子比椅子矮。	0	1→4
23	小明刚要吃苹果。	小明刚要吃苹果。	小明想要吃苹果。	小明吃完了苹果。	小明正在吃苹果。	0	1→3
句子理解能力测验总分						19	
备注							

由表7-2-5可以看出，该儿童在句子理解能力测验上的原始分为19分，根据该年龄组正常儿童的常模，从原始分等值量表分换算表（表8-1-2）和原始分等值百分等级换算表（表8-1-5）中可以查得，该儿童句子理解能力的量表分为11，其该项测验得分的百分等级介于50%—75%之间。

6. 句式仿说能力测验结果

李×句式仿说能力测验结果如表7-2-6所示。

表7-2-6 句式仿说能力测验结果分析表

序号	测验内容		得分		结果分析		
	目标句	仿说句	语法	语义	语法	语义	混合
1	小明画画。		1	1			
2	小红有汽车。		1	1			
3	小红不想打针。	小红不要打针。	1	1			合理添加
4	小红把杯子摔碎了。						
5	胖胖的男孩有火车。		1	1			
6	小红吃完了西瓜。		1	1			
7	小明穿绿色的衣服。/小明穿蓝色的裤子。		1	1			

续表

序号	测验内容		得分		结果分析		
	目标句	仿说句	语法	语义	语法	语义	混合
8	小明抱着小红走。		1	1			
9	小红把小明推倒了。		1	1			
10	西瓜被小红吃掉了。		1	1			
11	女孩比男孩胖。		1	1			
12	女孩在椅子上/躺椅上睡觉。		1	1			
13	花园开满了/长满了花。	花地长满了花。	1	0		用词不当	
14	弯弯的月亮像香蕉。	圆圆的月亮弯弯的像香蕉。	0	0	杂糅		
15	小红有两个杯子：一个是白色的，一个是黑色的。	小红有两辆杯子：一辆是黑色的，一辆是灰色的。	1	0			搭配不当
16	这是绿色，这不是黄色。	这是黄色。这是绿色。这是黑色。	0	0	自主句式		
17	早晨太阳升起来了。		1	1			
18	爸爸每天开车上班。	叔叔开小轿车。	0	0	缺失成分		
19	小红被小明逗笑了。		1	1			
20	猫/小猫戴了两个黄色的铃铛。	猫戴了着黄色的铃铛。	0	0	缺失成分		
21	如果明天不下雨，我就去动物园。	今天不下雨，就去动物园。	0	0	关联词缺少		
22	晚上阿姨买菜。/晚上叔叔买菜。		1	1			
23	白天小红在草地上画画。	早上小红在画画。	0	0	缺失成分		
24	小红推不动方方的箱子。		1	1			
25	鱼缸里没有鱼。		1	1			
26	小明的狗有黑色的斑点。	小明的狗有白色的斑点。	1	0		内容不符	
27	小红因为肚子饿了，所以想吃饭。	小红因为肚子饿了，愿去吃饭。	0	0	关联词缺少		
28	小红买的不是西瓜，而是苹果。	小红没买西瓜。	0	0	自主句式		
29	白色的小猫/猫咪在河边/岸上钓鱼。	白色的小猫/猫咪在海里钓鱼。	1	0		内容不符	
30	虽然下雨了，但是他还在跑步。	下雨了，他还在跑步。	0	1	关联词缺少		

续表

序号	测验内容		得分		结果分析		
	目标句	仿说句	语法	语义	语法	语义	混合
语法总分	21		语义总分		18		
备注							

由表 7-2-6 可以看出,该儿童在句式仿说能力测验上的原始分为 39 分,其中语法得分 21 分,语义得分 18 分。根据该年龄组正常儿童的常模,从原始分等值量表分换算表(表 8-1-2)和原始分等值百分等级换算表(表 8-1-5)中可以查得,该儿童句式仿说能力的量表分为 10,其该项测验得分的百分等级在 50%—75% 之间。

7. 看图叙事能力测验结果

李 × 看图叙事能力测验结果如表 7-2-7 所示。需要说明的是,表中转录文本为该儿童在测验中的真实反映,未做修改。转录文本中的符号含义见下表备注。

表 7-2-7 看图叙事能力测验结果分析表

	做客						
转录文本	1.(小红)小花来到小兰(家)她家里做客。你好,(小、小、小、小)花来到(小红)小花来到小兰家里来:02 然后小兰说:"你给我 XXX:02 来到我家做客吧。" 2. 小兰给小花吃:01 喝水和吃水:01 苹果和香蕉。 3. 小花在跳舞,小:01 小兰在唱歌。 4. 她们跟:01 小花跟小兰再见。 合:小花来到小兰家里,小兰给小花吃东西,小花跳舞:01 在跳舞,小兰在唱歌,她们两个人说再见。						
	项目	评分标准	得分		项目	评分标准	得分
图1	1. 内容	0 分:无应答或内容不完整 1 分:能说出(① 握手② 做客③ 去小兰家玩)(1/3)	1	图2	1. 内容	0 分:无应答或内容不完整 1 分:能说出(① 喝水(喝茶)② 吃水果)(2/2)	1
	2. 句法	0 分:无应答或句法不完整 1 分:至少说出一句合乎题意的完整句子	1		2. 句法	0 分:无应答或句法不完整 1 分:至少说出一句合乎题意的完整句子	1

续表

项目		评分标准	得分	项目		评分标准	得分
图3	1. 内容	0分：无应答或内容不完整 1分：能说出（① 唱歌② 跳舞）（2/2）	1	图4	1. 内容	0分：无应答或内容不完整 1分：能说出（① 再见② 挥手）（1/2）	1
	2. 句法	0分：无应答或句法不完整 1分：至少说出一句合乎题意的完整句子	1		2. 句法	0分：无应答或句法不完整 1分：至少说出一句合乎题意的完整句子	1

项目		评分标准	得分
整体讲述	1. 时间	0分：无应答或没有出现任何关于时间的词语 1分：能说出（① 有一天② 早上/晚上③ 天黑了④ ……之后⑤ X点钟）（1/5）	0
	2. 地点	0分：无应答或没有出现任何关于地点的词语 1分：能说出（① 小兰家② 客厅）（1/2）	1
	3. 人物	0分：没有提及故事中的人物 1分：仅说出其中一个人物，或用"她们"代替，或人物命名前后不一致，或由评估者提醒人物名称 2分：说出两个人物，且名称正确（① 小兰② 小花）（2/2）	2
	4. 故事讲述的顺序性	0分：不能按照图片1、2、3、4的顺序说出故事或是图片有遗漏 1分：能按照图片1、2、3、4的顺序说出故事，且图片没有遗漏	1
	5. 故事内容的完整和连贯性	0分：故事描述不完整，或前后无连贯性，或缺少对其中某张图片的描述 1分：故事描述完整且前后有连贯性	1
	6. 故事的宏观结构	0分：无法讲述 1分：能够谈论画面中的任何人、事、物，但所说内容之间不能形成完整的语句 2分：能围绕着主人公及相关主题的内容进行简单陈述，但句与句之间没有联结 3分：讲述的故事中已经包含了一系列合乎逻辑的内容，出现了连接词，但内容之间的组织联结尚未成熟 4分：叙事中包含常见的故事要素，能够详尽、合乎逻辑地讲述一个完整的故事，且能较好地对内容进行组织	2
	7. 整体句法	0分：无法讲述 1分：以词为主的讲述 2分：以短语为主的讲述 3分：以简单句（主谓宾）为主的讲述 4分：以简单修饰句（加入修饰词如形容词等）讲述	3

续表

	项目	评分标准	得分
整体讲述	8. 韵律感	0 分：语调单一 1 分：在讲述过程中声情并茂，有韵律感	1
	9. 清晰度	0 分：基本听不清 1 分：听起来很费劲，绝大多数的音都不清楚 2 分：绝大部分的音是清晰的，可以允许有个别音不清楚	2

月亮船

转录文本	1. 在：01 小美在睡觉，她：01 她做梦了，（她想）她想到月亮上面去睡觉。 2. 她在：01 她坐在月亮上在钓星星。 3. 她：01 她做梦，想星星给妈妈。 4. 她哭了，她的星星不见了，（然后）然后妈妈抱她。 合：有一天，小美在睡觉，（在）坐在月亮上，在钓星星。她想把星星给妈妈。可是她哭了，星星不见了，然后妈妈抱她。

	项目	评分标准	得分		项目	评分标准	得分
图 1	1. 内容	0 分：无应答或内容不完整 1 分：能说出（① 睡觉 ② 做梦）(2/2)	1	图 2	1. 内容	0 分：无应答或内容不完整 1 分：能说出（① 钓星星）(1/1)	1
	2. 句法	0 分：无应答或句法不完整 1 分：至少说出一句合乎题意的完整句子	1		2. 句法	0 分：无应答或句法不完整 1 分：至少说出一句合乎题意的完整句子	1
图 3	1. 内容	0 分：无应答或内容不完整 1 分：能说出（① 把星星送给××）(1/1)	1	图 4	1. 内容	0 分：无应答或内容不完整 1 分：能说出（① 哭 ② 安慰〈抱〉）(2/2)	1
	2. 句法	0 分：无应答或句法不完整 1 分：至少说出一句合乎题意的完整句子	1		2. 句法	0 分：无应答或句法不完整 1 分：至少说出一句合乎题意的完整句子	1

	项目	评分标准	得分
整体讲述	1. 时间	0 分：无应答或没有出现任何关于时间的词语 1 分：能说出（① 早上/晚上 ② ……的时候 ③ ×点钟）(1/3)	1
	2. 地点	0 分：无应答或没有出现任何关于地点的词语 1 分：能说出（① 床上 ② 房间里 ③ 月亮上）(1/3)	1
	3. 人物	0 分：没有提及故事中的人物 1 分：仅说出其中一个人物，或用"她们"代替，或人物命名前后不一致，或由评估者提醒人物名称 2 分：说出两个人物，且名称正确（① 小美 ② 妈妈/阿姨/姐姐）(2/2)	2

续表

	项目	评分标准	得分
整体讲述	4. 故事讲述的顺序性	0分：不能按照图片1、2、3、4的顺序说出故事或是图片有遗漏 1分：能按照图片1、2、3、4的顺序说出故事，且图片没有遗漏	1
	5. 故事内容的完整和连贯性	0分：故事描述不完整，或前后无连贯性，或缺少对其中某张图片的描述 1分：故事描述完整且前后有连贯性	1
	6. 故事的宏观结构	0分：无法讲述 1分：能够谈论画面中的任何人、事、物，但所说内容之间不能形成完整的语句 2分：能围绕着主人公及相关主题的内容进行简单陈述，但句与句之间没有联结 3分：讲述的故事中已经包含了一系列合乎逻辑的内容，出现了连接词，但内容之间的组织联结尚未成熟 4分：叙事中包含常见的故事要素，能够详尽、合乎逻辑地讲述一个完整的故事，且能较好地对内容进行组织	3
	7. 整体句法	0分：无法讲述 1分：以词为主的讲述 2分：以短语为主的讲述 3分：以简单句（主谓宾）为主的讲述 4分：以简单修饰句（加入修饰词如形容词等）讲述	3
	8. 韵律感	0分：语调单一 1分：在讲述过程中声情并茂，有韵律感	1
	9. 清晰度	0分：基本听不清 1分：听起来很费劲，绝大多数的音都不清楚 2分：绝大部分的音是清晰的，可以允许有个别音不清楚	2
看图叙事能力测验总分			44

备注：逐字稿的记录符号说明。
（）　所有括号内的内容称为迷思。例如起头错误、重复和重新组织语句等
＊　　表示"省略的字或其部分结构"
：03　表示"停顿时间为3秒"
〉　　表示"舍弃的语句"
×　　表示"不清楚的字词或部分的语句结构"

由表7-2-7可以看出，该儿童在看图叙事能力测验上的原始分为44分，根据该年龄组正常儿童的常模，从原始分等值量表分换算表（表8-1-2）和原始分等值百分等级换算表（8-1-5）中可以查得，该儿童看图叙事能力的量表分为13，其该项测验得分的百分等级介于75%—90%之间。

（三）结果分析

根据以上 7 个分测验结果，填写李 × 的普通话儿童语言能力临床分级评估报告单（表 7-3-1）。

表 7-3-1　普通话儿童语言能力临床分级评估报告单

一、基本资料
儿童姓名：李×　　性别：女　　障碍类型：听障　　就读学校：上海市××中心
出生年月：2012 年 9 月 15 日　评估时间：2017 年 1 月 3 日　实足年龄：4 岁 3 个月 18 天
家长（监护人）姓名：李××　与受试者关系：母女　　联系方式：_____

二、普通话儿童语言能力临床分级评估结果

1. 主测验分数

	原始分	量表分	百分等级	语言能力等级	达标情况
(1)词语理解：	31	10	50	5级	达标
(2)词语命名：	42	8	25	4级	未达标
(3)句子理解：	19	11	50—75	5级	达标
(4)句式仿说：	39	10	50—75	5级	达标
(5)看图叙事：	44	13	75—90	5级	达标

	量表分	商数	百分等级
(1)语言理解：	21	102	50—75
(2)语言表达：	18	95	25—50
(3)语言综合运用：	13	114	75—90
(4)总的语言能力：	52	102	50—75

2. 辅助测验分数

	原始分	达标情况
(1)前语言沟通技能：	/	/
(2)语音感知：	23	达标
(3)语音产生：	59	达标
(4)模仿句长：	/	/

3. 测验过程表现

☑ 非常配合　　□ 比较配合　　□ 不配合
备注：_____/_____

量表分数剖面图

量表分	词语理解	词语命名	句子理解	句式仿说	看图叙事	商数	语言理解	语言表达	语言综合运用	总的语言能力
						160	·	·	·	·
						155				
20	·	·	·	·	·	150				
19	·	·	·	·	·	145				
18	·	·	·	·	·	140				
17	·	·	·	·	·	135				
16	·	·	·	·	·	130				
15	·	·	·	·	·	125				
14	·	·	·	·	·	120				
13	·	·	·	·	·	115				
12	·	·	·	·	·	110			·	
11	·	·	·	·	·	105				
10	·	·	·	·	·	100	·			·
9	·	·	·	·	·	95		·		
8	·	·	·	·	·	90				
7	·	·	·	·	·	85				
6	·	·	·	·	·	80				
5	·	·	·	·	·	75				
4	·	·	·	·	·	70				
3	·	·	·	·	·	65				
2	·	·	·	·	·	60				
1	·	·	·	·	·	55				

续表

> 1. 语言能力级别：<u>5级</u>
> 2. 评估建议：
>   建议该儿童进行：（☑听力 □口部运动 □嗓音 □构音 □认知 ☑社会适应能力 □智力 □其他_____）方面的评估。
> 3. 康复建议：
>   建议该儿童接受：（□前语言沟通技能 □语音感知 □语音产生 □词语理解 ☑词语命名 ☑句子理解 ☑句式仿说 □模仿句长 □故事理解 □主题对话 □看图叙事）方面的康复训练。
>
> 评估人：梁××

将词语理解能力测验与句子理解能力测验的量表分相加，得到该儿童语言理解量表分为21，将其填入报告单相应的空格内，从量表分等值语言商数换算表（表8-1-7）中可以查得，量表分21所对应的语言理解商数为102，根据该儿童所在年龄组，从语言商数等值百分等级换算表（表8-1-8）中查得，语言理解商数102所对应的百分等级为50%—75%，将语言理解商数及其所对应的百分等级填入报告单相应的空格内。

将词语命名能力测验、句式仿说能力测验2个分测验的量表分相加，得到该儿童语言表达量表分为18，将其填入报告单相应的空格内，从量表分等值语言商数换算表（表8-1-7）中可以查得，量表分18所对应的语言表达商数为95，根据该儿童所在年龄组，从语言商数等值百分等级换算表（表8-1-8）中查得，语言表达商数95所对应的百分等级为25%—50%，将语言表达商数及其所对应的百分等级填入报告单相应的空格内。

将看图叙事能力测验的量表分填入报告单语言综合运用量表分空格内，从量表分等值语言商数换算表（表8-1-7）中可以查得，量表分13所对应的语言综合运用商数为114，根据该儿童所在年龄组，从语言商数等值百分等级换算表（表8-1-8）中查得，语言综合运用商数114所对应的百分等级为75%—90%，将语言综合运用商数及其所对应的百分等级也填入报告单相应的空格内。

参照表6-1-1给出的参考标准，可以看出，该儿童词语理解、词语命名、句子理解以及句式仿说能力均处于语言能力的平均水平（量表分为8—12分），而看图叙事能力则处于语言能力的平均以上水平（量表分为13—14分）。总体来看，语言理解和语言表达能力均处于平均水平（语言商数为90—110分），而语言综合运用能力则处于平均以上水平（语言商数为 111—120 分），总的语言能力处于平均水平。

由于该儿童为听障儿童，因此，除以上 5 个标准化测验外，还使用 3 个目标参照测验对李 × 进行了语音感知能力和语音产生能力 2 个方面的评估，该儿童在这 2 项测验上的得分率分别为 92.00% 和 96.72%。

其中语音感知能力测验中有两个题项错误，即：第 4 项和第 22 项。第 4 项的错误走向为"1→3"，表明该儿童将"喝（hē）"听成了"车（chē）"，反映出该儿童对声母 h 和 ch 的分辨和识别存在困难。第 22 项的错误走向为"1→2"，表明该儿童将"狗（gǒu）"听成了"手（shǒu）"，反映出该儿童对声母 g 和 sh 的分辨和识别存在困难。据此，我们在进行听障儿童的语言分辨和识别训练时可以重点围绕这两组声母进行训练。

语音产生能力测验中有两个题项错误，即第 13 项和第 27 项。其中声母中的错误项为第 13 项，该儿童将"拔草（bá cǎo）"读成了"bá chǎo"，错误走向为"c→ch"；韵母中的错误项为第 27 项，该儿童将"不倒翁（bù dǎo wēng）"读成了"bù dǎo wēn"，错误走向为"ueng→uen"。反映出该儿童在声母"c"的发音上容易与"ch"相混淆，在复韵母"ueng"的发音上容易与"uen"相混淆。但由于在正常儿童中这两个语音的习得顺序都较晚，6 岁后习得属正常情况，因此，就该儿童所处年龄段，这两个语音未能习得也属正常。

八、附表

（一）分数换算表

1. 原始分等值量表分换算表

表 8-1-1　3 岁 0 个月到 3 岁 11 个月原始分等值量表分换算表

量表分	语言理解原始分		语言表达原始分		语言综合运用原始分
	词语理解	句子理解	词语命名	句式仿说	看图叙事
3	0—16	0—6	0—12	0	0

续表

量表分	语言理解原始分		语言表达原始分		语言综合运用原始分
	词语理解	句子理解	词语命名	句式仿说	看图叙事
4	17	7	13—16	0	1
5	18—19	8	17—20	0.5—1.5	2—3
6	20—21	9	21—22	2.0—4.5	4—7
7	22	10	23—25	5.0—6.0	8—11
8	23—24	11—12	26—28	6.5—9.0	12—14
9	25—26	13	29—30	9.5—14.0	15—17
10	27—28	14—15	31—35	14.5—18.0	18—21
11	29	16—17	36—39	18.5—22.0	22—24
12	30—31	18—19	40—41	22.5—25.0	25—28
13	32—33	20	42—43	25.5—31.5	29—30
14	34	21	44—46	32.0—38.0	31—36
15	—	22	47—48	38.5—42.0	37—39
16	35	—	49—50	42.5—52.5	40—41
17	—	23	51—65	53.0—60.0	42—50

表 8-1-2 4 岁 0 个月到 4 岁 11 个月原始分等值量表分换算表

量表分	语言理解原始分		语言表达原始分		语言综合运用原始分
	词语理解	句子理解	词语命名	句式仿说	看图叙事
3	0—21	0—9	0—28	0—7.5	0—2
4	22—23	10	29—30	8.0—10.5	3—12
5	24	11—12	31—35	11.0—15.5	13—20
6	25—26	13	36—37	16.0—22.0	21—24
7	27	14	38—39	22.5—27.0	25—28
8	28—29	15—16	40—44	27.5—32.0	29—32
9	30	17	45—46	32.5—35.0	33—35
10	31	18	47—48	35.5—39.0	36—37
11	32	19	49—50	39.5—42.5	38—39
12	33	20	51—53	43.0—46.0	40—42
13	34	21	54—55	46.5—48.5	43—44
14	—	—	56	49.0—51.5	45
15	35	22	57—58	52.0—54.0	46

续表

量表分	语言理解原始分		语言表达原始分		语言综合运用原始分
	词语理解	句子理解	词语命名	句式仿说	看图叙事
16	—	23	59—61	54.5—57.0	—
17	—	—	62—65	57.5—60.0	47—50

表8-1-3　5岁0个月到5岁11个月原始分等值量表分换算表

量表分	语言理解原始分		语言表达原始分		语言综合运用原始分
	词语理解	句子理解	词语命名	句式仿说	看图叙事
3	0—21	0—10	0—25	0—13.5	0—20
4	22—24	11	26—35	14.0—19.0	21—26
5	25	12—13	36—42	19.5—28.0	27—31
6	26—27	14	43—46	28.5—34.5	32—33
7	28—29	15	47	35.0—39.0	34—35
8	30	16—17	48—49	39.5—42.5	36—37
9	31	18	50—51	43.0—45.5	38—39
10	32	19	52—54	46.0—48.0	40—41
11	—	20	55—56	48.5—50.0	42—43
12	33	21	57	50.5—51.5	44—45
13	—	22	58	52.0—53.5	46—47
14	34	—	59	54.0—54.5	48
15	—	—	60	55.0—56.0	49
16	35	23	61	56.5—57.0	50
17	—	—	62—65	57.5—60.0	—

2. 原始分等值百分等级换算表

表8-1-4　3岁0个月到3岁11个月原始分等值百分等级换算表

百分等级（%）	语言理解原始分		语言表达原始分		语言综合运用原始分
	词语理解	句子理解	词语命名	句式仿说	看图叙事
5	19	8	18	1.0	3
10	21	9	22	4.0	5
25	24	11	27	8.5	13
50	28	15	34	17.0	20

续表

百分等级（%）	语言理解原始分		语言表达原始分		语言综合运用原始分
	词语理解	句子理解	词语命名	句式仿说	看图叙事
75	31	19	41	23.5	28
90	34	21	44	34.5	31
95	35	22	47	41.5	38

表 8-1-5　4 岁 0 个月到 4 岁 11 个月原始分等值百分等级换算表

百分等级（%）	语言理解原始分		语言表达原始分		语言综合运用原始分
	词语理解	句子理解	词语命名	句式仿说	看图叙事
5	25	12	34	13.0	14
10	26	13	37	19.5	24
25	29	16	42	30.0	30
50	31	18	47	36.5	36
75	33	20	52	44.5	41
90	34	22	56	49.5	45
95	35	23	57	52.5	46

表 8-1-6　5 岁 0 个月到 5 岁 11 个月原始分等值百分等级换算表

百分等级（%）	语言理解原始分		语言表达原始分		语言综合运用原始分
	词语理解	句子理解	词语命名	句式仿说	看图叙事
5	25	12	39	22.0	27
10	27	14	45	33.0	33
25	30	17	49	41.0	36
50	32	19	53	48.0	41
75	33	21	57	51.5	45
90	34	22	59	54.0	48
95	35	23	60	55.5	49

3. 量表分等值语言商数换算表

表8-1-7 量表分等值语言商数换算表

语言理解				语言表达				语言综合运用		总的语言能力					
量表分	语言商数	量表分	语言商数	量表分	语言商数	量表分	语言商数	量表分	语言商数	量表分	语言总商数	量表分	语言总商数	量表分	语言总商数
6	—	26	115	6	65	26	115	3	65	23	73	43	93	63	113
7	67	27	117	7	67	27	118	4	70	24	74	44	94	64	114
8	70	28	120	8	70	28	120	5	75	25	75	45	95	65	115
9	73	29	122	9	73	29	122	6	80	26	76	46	96	66	116
10	75	30	125	10	75	30	126	7	85	27	77	47	97	67	117
11	77	31	128	11	77	31	128	8	90	28	78	48	98	68	118
12	80			12	80	32	130	9	95	29	79	49	99	69	119
13	83			13	83	33	133	10	100	30	80	50	100	70	120
14	85			14	85	34	135	11	105	31	81	51	101	71	121
15	88			15	88			12	110	32	82	52	102	72	122
16	90			16	90			13	114	33	83	53	103	73	123
17	93			17	93			14	120	34	84	54	104	74	124
18	95			18	95			15	125	35	85	55	105	75	125
19	98			19	98			16	130	36	86	56	106	76	126
20	100			20	100			17	136	37	87	57	107	77	127
21	102			21	102					38	88	58	108	78	128
22	105			22	105					39	89	59	109	79	129
23	108			23	107					40	90	60	110	80	130
24	110			24	110					41	91	61	111		
25	113			25	113					42	92	62	112		

4. 语言商数等值百分等级换算表

表8-1-8 语言商数等值百分等级换算表

百分等级（%）	语言理解商数	语言表达商数	语言综合运用商数	语言总商数
5	77	77	75	83
10	84	83	80	87
25	91	91	90	94

续表

百分等级（%）	语言理解商数	语言表达商数	语言综合运用商数	语言总商数
50	100	100	100	100
75	110	109	110	107
90	116	118	119	112
95	119	121	125	116

5. 各分测验原始分等值语言年龄换算表

表 8-1-9　各分测验原始分等值语言年龄换算表

年龄	语言理解原始分		语言表达原始分		语言综合运用原始分
	词语理解	句子理解	词语命名	句式仿说	看图叙事
3:0—3:11	27—28	14—15	31—35	14.5—18.0	18—21
4:0—4:11	31	18	47—48	35.5—39.0	36—37
5:0—5:11	32	19	52—54	46.0—48.0	40—41

6. 模仿句长能力测验句子长度等值百分等级换算表

表 8-1-10　模仿句长能力测验句子长度等值百分等级换算表

百分等级（%）	句子长度（字）		
	3:0—3:11组	4:0—4:11组	5:0—5:11组
5	5	9	7
10	7	9	9
25	9	9	9
50	9	11	11
75	11	13	13
90	13	15	15
95	13	15	15

7. 儿童语言能力分级评价参考标准（表中分数为原始分）

表 8-1-11　儿童语言能力分级评价参考标准

序号	测试项目	3级以下	3级	4级	5级	5级以上
1	词语理解	< 21	21—25	26	27—34	35
2	词语命名	< 22	22—36	37—44	45—59	60—65
3	句子理解	< 9	9—12	13	14—22	23

续表

序号	测试项目	3级以下	3级	4级	5级	5级以上
4	句式仿说	<4	4—19	19.5—32.5	35—54	54.5—60
5	看图叙事	<5	5—23	24—32	33—48	49—50

（二）普通话儿童语言能力临床分级评估报告单

表 8-2-1　普通话儿童语言能力临床分级评估报告单

电子表格

普通话儿童语言能力临床分级评估报告单

一、基本资料

儿童姓名：_____　性别：____　障碍类型：_____　就读学校：_____
出生年月：___年___月___日　评估时间：___年___月___日　实足年龄：_____
家长（监护人）姓名：_____　与受试者关系：_____　联系方式：_____

二、普通话儿童语言能力临床分级评估结果

1. 主测验分数

　　　　　　　　原始分　量表分　百分等级　语言能力等级　达标情况
(1)词语理解：____　____　____　____　____
(2)词命名：____　____　____　____　____
(3)句子理解：____　____　____　____　____
(4)句式仿说：____　____　____　____　____
(5)看图叙事：____　____　____　____　____

　　　　　　　　　量表分　商数　百分等级
(1)语言理解：____　____　____
(2)语言表达：____　____　____
(3)语言综合运用：____　____　____
(4)总的语言能力：____　____　____

2. 辅助测验分数

　　　　　　　　原始分　达标情况
(1)前语言沟通技能：____　____
(2)语音感知：____　____
(3)语音产生：____　____
(4)模仿句长：____　____

3. 测验过程表现

□非常配合　　□比较配合　　□不配合
备注：_____

量表分数剖面图

量表分	词语理解	词语命名	句子理解	句式仿说	看图叙事	商数	语言理解	语言表达	语言综合运用	总的语言能力
						160	·	·	·	·
						155	·	·	·	·
20	·	·	·	·	·	150	·	·	·	·
19	·	·	·	·	·	145	·	·	·	·
18	·	·	·	·	·	140	·	·	·	·
17	·	·	·	·	·	135	·	·	·	·
16	·	·	·	·	·	130	·	·	·	·
15	·	·	·	·	·	125	·	·	·	·
14	·	·	·	·	·	120	·	·	·	·
13	·	·	·	·	·	115	·	·	·	·
12	·	·	·	·	·	110	·	·	·	·
11	·	·	·	·	·	105	·	·	·	·
10	·	·	·	·	·	100	·	·	·	·
9	·	·	·	·	·	95	·	·	·	·
8	·	·	·	·	·	90	·	·	·	·
7	·	·	·	·	·	85	·	·	·	·
6	·	·	·	·	·	80	·	·	·	·
5	·	·	·	·	·	75	·	·	·	·
4	·	·	·	·	·	70	·	·	·	·
3	·	·	·	·	·	65	·	·	·	·
2	·	·	·	·	·	60	·	·	·	·
1	·	·	·	·	·	55	·	·	·	·

续表

```
1. 语言能力级别：_____
2. 评估建议：
建议该儿童进行：(□听力 □口部运动 □嗓音 □构音 □认知 □社会适应能力 □智力
□其他_____)方面的评估。
3. 康复建议：
建议该儿童接受：(□前语言沟通技能 □语音感知 □语音产生 □词语理解 □词语命名
□句子理解 □句式仿说 □模仿句长 □故事理解 □主题对话 □看图叙事)方面的康复训练。
                                                                评估人：
```

（三）普通话儿童语言能力临床分级评估记录表

```
姓  名：_____  性  别：_____  出生日期：_____  测验日期：_____
障碍类型：○正常 ○孤独症 ○听障 ○智障 ○脑瘫 ○单纯性语言发育迟缓
        ○多重：_____ ○其他：_____
障碍程度：○轻度 ○中度 ○重度
沟通方式：□口语 □手语 □图片 □肢体动作 □无交流
语言环境：□普通话 □方言 □其他：
语言康复：○没有专业康复 ○有专业康复 康复起始月龄：_____ 康复总时数：_____
联系电话：_____ 检查者：_____
```

图 8-3-0　普通话儿童语言能力临床分级评估记录表样本基本信息

Ⅰ．前语言沟通技能

利用玩具观察与儿童之间的会话互动，考查交流意识。

指导语：玩一玩，做一做。

表 8-3-1　前语言沟通技能测验评估记录表

序号	题目	表现	得分
1	被叫到名字能恰当反应	○表现明显 ○表现不明显 ○无相关表现	
2	能看着说话的人	○表现明显 ○表现不明显 ○无相关表现	
3	能主动跟随他人的视线	○表现明显 ○表现不明显 ○无相关表现	
4	能关注新异刺激	○表现明显 ○表现不明显 ○无相关表现	

续表

序号	题目	表现	得分
5	能主动提出要求	○表现明显 ○表现不明显 ○无相关表现	
6	能主动模仿他人发声	○表现明显 ○表现不明显 ○无相关表现	
7	能主动模仿他人的简单动作	○表现明显 ○表现不明显 ○无相关表现	
8	能主动吸引别人的关注	○表现明显 ○表现不明显 ○无相关表现	
前语言沟通技能测验总分			
备注			

Ⅱ. 理解能力

1. 语音感知

指导语：听一听，选一选。

表8-3-2 语音感知能力测验评估记录表

序号	测验内容			得分	错误走向（正→误）	k	测验得分 k·x	归一化系数 k		
	词表1	词表2	词表3					1	2	3
例	鼻（bí）	白（bái）	拔（bá）							
例	风（fēng）	方（fāng）	飞（fēi）							
1	白（bái）	柴（chái）	埋（mái）					1	1	1
2	塔（tǎ）	打（dǎ）	马（mǎ）					1	1	1
3	猫（māo）	刀（dāo）	包（bāo）					0.15	1	1
4	喝（hē）	哥（gē）	车（chē）					1	1	1
5	脱（tuō）	锅（guō）	桌（zhuō）					1	0.60	1
6	切（qiē）	贴（tiē）	街（jiē）					1	1	0.86
7	瓜（guā）	刷（shuā）	花（huā）					1	0.99	1
8	鸟（niǎo）	脚（jiǎo）	表（biǎo）					1	1	0.70
9	灯（dēng）	风（fēng）	扔（rēng）					1	0.60	1
10	攀（pān）	搬（bān）	山（shān）					1	1	1
11	臭（chòu）	楼（lóu）	猴（hóu）					1	1	1
12	刺（cì）	四（sì）	日（rì）					1	1	0.99

续表

序号	测验内容			得分	错误走向（正→误）	k	测验得分 k·x	归一化系数 k		
	词表1	词表2	词表3					1	2	3
13	线（xiàn）	面（miàn）	链（liàn）					0.44	1	1
14	龙（lóng）	红（hóng）	虫（chóng）					1	1	1
15	握（wò）	坐（zuò）	落（luò）					0.70	1	1
16	六（liù）	球（qiú）	牛（niú）					1	1	1
17	鸡（jī）	七（qī）	西（xī）					0.60	1	1
18	书（shū）	猪（zhū）	哭（kū）					0.86	1	1
19	盆（pén）	门（mén）	闻（wén）					1	1	0.86
20	铃（líng）	星（xīng）	镜（jìng）					1	1	1
21	水（shuǐ）	嘴（zuǐ）	腿（tuǐ）					0.44	1	1
22	狗（gǒu）	手（shǒu）	走（zǒu）					1	0.15	1
23	妹（mèi）	黑（hēi）	飞（fēi）					1	1	1
24	鱼（yú）	驴（lú）	女（nǚ）					1	1	0.99
25	家（jiā）	虾（xiā）	鸭（yā）					1	0.86	1
语音感知能力测验总分										
备注										

2. 词语理解

指导语：听一听，找一找。

表 8-3-3 词语理解能力测验评估记录表

序号	测验内容					得分	错误走向（正→误）
	目标词	测验词1	测验词2	测验词3	测验词4		
例	猫	知了	猫	兔子	袋鼠		
例	米饭	鸡蛋	米饭	青菜	汤		
1	火车	火车	轮船	飞机	汽车		
2	鞋子	上衣	裤子	鞋子	袜子		
3	吹	切（蛋糕）	吹	喝（牛奶）	咬（积木）		

续表

序号	测验内容					得分	错误走向（正→误）
	目标词	测验词1	测验词2	测验词3	测验词4		
4	老人	婴儿	小孩	大人	老人		
5	警车	消防车	卡车	警车	公交车		
6	爸爸	爷爷	妈妈	奶奶	爸爸		
7	动物	家具（椅子）	玩具（玩具车）	植物（盆景）	动物		
8	冰激凌	冰激凌	棒棒糖	巧克力	牛奶		
9	快	慢1（大象）	慢2（乌龟）	快	慢3（蜗牛）		
10	彩虹	彩虹	晴天	闪电	刮风		
11	空调	电风扇	台灯	电冰箱	空调		
12	圆形	圆形	三角形	正方形	五角星		
13	上楼	出门	下楼	进门	上楼		
14	打伞	打伞	扔（球）	跳绳	拿伞		
15	太阳	星星	太阳	天空	月亮		
16	敲	摇	敲	吹	拉		
17	推	推	拉（车）	找	扛（自行车）		
18	拍（皮球）	叉（手）	拍（皮球）	挥（手）	碰（皮球）		
19	高	胖	高	矮	瘦		
20	直的	弯的（1）	弯的（2）	直的	弯的（3）		
21	伤心	平静	高兴	伤心	生气		
22	倒	按	拎	捧	倒		
23	举	拎	搬	举	捡		
24	跳	跳	爬	走	跑		
25	冬天	春天	秋天	夏天	冬天		
26	打针	看病	打针	吃药	包扎		
27	生日	圣诞节	儿童节	生日	春节		
28	凉鞋	运动鞋	凉鞋	拖鞋	皮鞋		
29	小鸟	小鸟	小鸡	兔	鹅		

序号	测验内容					得分	错误走向（正→误）
	目标词	测验词1	测验词2	测验词3	测验词4		
30	胸	胸	肚子	背	腿		
31	瓶子	瓶子	杯子	盒子	笔筒		
32	硬	软1（枕头）	软2（毛绒玩具）	硬	软3（蛋糕）		
33	公路	铁路	公路	桥	河流		
34	擦	拖	扫	擦	浇（水）		
35	鞭炮	灯笼	鞭炮	烟花	中国结		
词语理解能力测验总分							
备注							

3. 句子理解

指导语：听一听，找一找。

表8-3-4 句子理解能力测验评估记录表

序号	测验内容					得分	错误走向（正→误）
	目标句	测验句1	测验句2	测验句3	测验句4		
例	小红骑车。	小红骑车。	小明骑车。	小明跑步。	小红跑步。		
例	小红拿水果。	小红拿水果。	小明拿水果。	小明画水果。	小红画水果。		
1	小明在房间里。	小明在房间里。	小明不在房间里。	小红在房间里。	小明在花园里。		
2	晚上小明唱歌。	白天小明唱歌。	晚上小明画画。	晚上小明唱歌。	晚上小红唱歌。		
3	小明画苹果。	小红画苹果。	小明画葡萄。	小明吃苹果。	小明画苹果。		
4	小明开汽车。	小明玩汽车。	小红开汽车。	小明开汽车。	小明开火车。		
5	小红有汽车。	小红有火车。	小红没有汽车。	小红有汽车。	小明有汽车。		
6	小明摔碎了红色的杯子。	小明摔碎了红色的杯子。	小明差点儿摔了红色的杯子。	小红摔碎了红色的杯子。	小明摔碎了绿色的杯子。		
7	小红把椅子推倒了。	小明把椅子放好了。	小红把椅子放好了。	小红把椅子推倒了。	小明把椅子推倒了。		
8	汽车开过来了。	火车开走了。	汽车开过来了。	汽车开走了。	火车开走了。		

续表

序号	测验内容					得分	错误走向（正→误）
	目标句	测验句1	测验句2	测验句3	测验句4		
9	晚上小明在房间里唱歌。	晚上小明在房间外唱歌。	晚上小明在房间里画画。	晚上小明在房间里唱歌。	白天小明在房间里唱歌。		
10	椅子被小明放好了。	椅子被小明放好了。	椅子被小明推倒了。	椅子被小红放好了。	椅子被小红推倒了。		
11	小明追小红。	小明拉小红。	小明追小红。	小红追小明。	小红拉小明。		
12	小明有红色的汽车。	小明有红色的火车。	小明有红色的汽车。	小明有黑色的汽车。	小红有红色的汽车。		
13	小明拿着两辆红色的汽车。	小明拿着一辆红色的汽车。	小明拿着两辆黑色的汽车。	小明拿着两辆红色的火车。	小明拿着两辆红色的汽车。		
14	戴眼镜的男孩拿着红色的汽车。	戴眼镜的男孩拿着红色的火车。	戴眼镜的男孩拿着黑色的汽车。	戴眼镜的男孩拿着红色的汽车。	戴帽子的男孩拿着红色的汽车。		
15	小明在房间玩汽车。	小红在房间玩汽车。	小明在房间玩火车。	小明在房间玩汽车。	小明在花园玩汽车。		
16	胖胖的男孩有汽车。	胖胖的女孩有汽车。	瘦瘦的男孩有汽车。	胖胖的男孩有火车。	胖胖的男孩有汽车。		
17	小明吃完了苹果。	小明画好了苹果。	小明没画好苹果。	小明没吃完苹果。	小明吃完了苹果。		
18	穿红衣服的小明在房间里玩汽车。	穿红衣服的小明在房间里玩火车。	穿黑衣服的小明在房间里玩汽车。	穿红衣服的小明在房间外玩汽车。	穿红衣服的小明在房间里玩汽车。		
19	小明把小红逗笑了。	小红把小明逗笑了。	小红把小明推倒了。	小明把小红逗笑了。	小明把小红推倒了。		
20	小明被小红推倒了。	小红被小明推倒了。	小明被小红逗笑了。	小明被小红推倒了。	小红被小明逗笑了。		
21	小明在房间外画好了苹果。	小明在房间里没画好苹果。	小明在房间外没画好苹果。	小明在房间里画好了苹果。	小明在房间外画好了苹果。		
22	椅子比桌子矮。	椅子比桌子矮。	椅子比桌子高。	圆桌子比椅子高。	圆桌子比椅子矮。		
23	小明刚要吃苹果。	小明刚要吃苹果。	小明想要吃苹果。	小明吃完了苹果。	小明正在吃苹果。		
句子理解能力测验总分							
备注							

Ⅲ. 表达能力

1. 语音产生

指导语：① 看一看，说一说，图片上有什么？/ 他在做什么？
② 请跟我说一样的。

表 8-3-5 语音产生能力测验评估记录表

序号	项目	声母			韵母			声调	
		目标音	得分	结果分析	目标音	得分	结果分析	目标音	得分
例	娃娃	w							
例	太阳	y							
1	气球	q			i				
					iou				
2	苹果	p			ing				
		g			uo				
3	电灯	d			ian				
					eng				
4	乌云				u			wū	
					ün				
5	女孩	n			ü				
		h			ai				
6	吃饭	ch							
		f			an				
7	唱歌				ang				
					e				
8	喝水								
		sh			uei				
9	跳绳	t			iao				
10	枕头	zh			en				
					ou				
11	西瓜	x							
					ua				

续表

序号	项目	声母			韵母			声调	
		目标音	得分	结果分析	目标音	得分	结果分析	目标音	得分
12	毛巾	m			ao				
		j			in				
13	拔草	b			a				
		c							
14	筷子	k			uai				
		z							
15	熊猫				iong				
16	红色				ong				
		s							
17	耳朵				er			ěr	
18	虾仁				ia				
		r							
19	月亮				üe			yuè	
		l			iang				
20	酸奶				uan				
21	飞机				ei				
22	萝卜				o				
23	窗户				uang				
24	拳头				üan				
25	姐姐				ie				

续表

序号	项目	声母			韵母			声调	
		目标音	得分	结果分析	目标音	得分	结果分析	目标音	得分
26	蚊子				uen			wén	
27	不倒翁				ueng				
		声母总分			韵母总分			声调总分	
备注									

2. 词语命名

指导语：看一看，说一说。这是什么？/他在做什么？/这个是……另一个呢？

表 8-3-6　词语命名能力测验评估记录表

序号	目标词	反应词语	得分	错误走向分析					
				无反应	新造词	相关描述	不相关描述	上位替代	同位替代	下位替代
例	猫								
例	跑步								
例	大								
1	肚子（肚皮、肚脐）								
2	玉米								
3	画画								
4	楼梯								
5	企鹅								
6	垃圾箱（垃圾桶）								
7	自行车（脚踏车）								
8	冰箱								

续表

序号	目标词	反应词语	得分	错误走向分析					
				无反应	新造词	相关描述	不相关描述	上位替代	同位替代	下位替代
9	快									
10	薯条									
11	彩虹									
12	冷									
13	礼物（礼物袋）									
14	撕（撕开、撕烂、撕画）									
15	动物园（动物中心）									
16	摘（摘苹果、采苹果）									
17	打针									
18	菠萝									
19	医生									
20	窗户（窗、窗子）									
21	摸（摸头）									
22	雨衣（雨披）									
23	近									
24	茄子									
25	两本书（本）									
26	削									
27	蔬菜									
28	硬（硬的）									
29	盛（舀）									
30	扣子（纽扣、纽子）									
31	烤（烧烤）									

续表

序号	目标词	反应词语	得分	错误走向分析					
				无反应	新造词	相关描述	不相关描述	上位替代	同位替代	下位替代
32	吹风机（电吹风）									
33	奖杯（冠军杯）									
34	矮									
35	堵车									
36	橙色（橘色、橘黄色）									
37	搬									
38	舒服									
39	消防员（消防员叔叔）									
40	轻（轻的）									
41	小偷									
42	衣架（衣服架子）									
43	歪（歪的）									
44	骆驼									
45	细（细细的、细的）									
46	冬天（冬季）									
47	中国									
48	浴缸（洗澡盆）									
49	勇敢									
50	光盘（碟片）									
51	迟到（来不及）									
52	洒水车									
53	蜜蜂									
54	读书（念书、学习）									

续表

序号	目标词	反应词语	得分	错误走向分析					
				无反应	新造词	相关描述	不相关描述	上位替代	同位替代	下位替代
55	教室									
56	难									
57	帮助									
58	年轻									
59	危险									
60	健康（强壮）									
61	酒杯（玻璃杯、红酒杯、高脚杯）									
62	难过（不开心）									
63	食指									
64	批评（骂、生气）									
65	扑（跳）									
词语命名能力测验总分										
备注										

3. 模仿句长

指导语：请跟我说一样的。

表 8-3-7 模仿句长能力测验评估记录表

序号	测验内容	字数	得分
1	妈妈买蛋糕。	5	
2	我想吃雪糕。	5	
3	天天没有穿衣服。	7	
4	你们去阿姨家玩。	7	
5	孔雀的尾巴非常漂亮。	9	
6	妈妈的皮包里有钥匙。	9	

续表

序号	测验内容	字数	得分
7	瓶子里装着红色的石榴水。	11	
8	阿姨给宝宝找来一把雨伞。	11	
9	手机的充电器放在阿姨钱包里。	13	
10	妈妈每天都乘地铁去医院上班。	13	
11	办公室桌子上放着一个咖啡色盒子。	15	
12	爸爸把果汁倒进了红色的大杯子里。	15	
13	春风把蒲公英种子吹到了植物园花坛里。	17	
14	甜甜不但唱歌非常好，画画也是拿过奖的。	17	
15	贝贝妈妈喜欢的地方不是东海，而是安徽黄山。	19	
16	每次小明去超市，一定会买涛涛喜欢的三明治。	19	
模仿句长能力测验总分			
备注			

4. 句式仿说

指导语：我来说左边，你来说右边，跟我用一样的句式。

句式仿说能力测验例句如表 5-1-11 所示。

表 8-3-8　句式仿说能力测验评估记录表

序号	测验内容		得分		结果分析		
	目标句	仿说句	语法	语义	语法	语义	混合
1	小明画画。						
2	小红有汽车。						
3	小红不想打针。						
4	小红把杯子摔碎了。						
5	胖胖的男孩有火车。						
6	小红吃完了西瓜。						
7	小明穿绿色的衣服。/小明穿蓝色的裤子。						

续表

序号	测验内容		得分		结果分析		
	目标句	仿说句	语法	语义	语法	语义	混合
8	小明抱着小红走。						
9	小红把小明推倒了。						
10	西瓜被小红吃掉了。						
11	女孩比男孩胖。						
12	女孩在椅子上/躺椅上睡觉。						
13	花园开满了/长满了花。						
14	弯弯的月亮像香蕉。						
15	小红有两个杯子：一个是白色的，一个是黑色的。						
16	这是绿色，这不是黄色。						
17	早晨太阳升起来了。						
18	爸爸每天开车上班。						
19	小红被小明逗笑了。						
20	猫/小猫戴了两个黄色的铃铛。						
21	如果明天不下雨，我就去动物园。						
22	晚上阿姨买菜。/晚上叔叔买菜。						
23	白天小红在草地上画画。						
24	小红推不动方方的箱子。						
25	鱼缸里没有鱼。						
26	小明的狗有黑色的斑点。						
27	小红因为肚子饿了，所以想吃饭。						
28	小红买的不是西瓜，而是苹果。						
29	白色的小猫/猫咪在河边/岸上钓鱼。						
30	虽然下雨了，但是他还在跑步。						
	语法总分				语义总分		
备注							

Ⅳ. 综合运用

看图叙事

表 8-3-9 看图叙事能力测验评估记录表

做客					
转录文本						
	项目	评分标准	得分	项目	评分标准	得分
图1	1. 内容	0分：无应答或内容不完整 1分：能说出（① 握手② 做客③ 去小兰家玩）（1/3）		1. 内容	0分：无应答或内容不完整 1分：能说出（① 喝水〈喝茶〉② 吃水果）（2/2）	
	2. 句法	0分：无应答或句法不完整 1分：至少说出一句合乎题意的完整句子		2. 句法	0分：无应答或句法不完整 1分：至少说出一句合乎题意的完整句子	
图3	1. 内容	0分：无应答或内容不完整 1分：能说出（① 唱歌② 跳舞）（2/2）		1. 内容	0分：无应答或内容不完整 1分：能说出（① 再见② 挥手）（1/2）	
	2. 句法	0分：无应答或句法不完整 1分：至少说出一句合乎题意的完整句子	图4	2. 句法	0分：无应答或句法不完整 1分：至少说出一句合乎题意的完整句子	

	项目	评分标准	得分
整体讲述	1. 时间	0分：无应答或没有出现任何关于时间的词语 1分：能说出（① 有一天② 早上/晚上③ 天黑了④ ……之后⑤ ×点钟）（1/5）	
	2. 地点	0分：无应答或没有出现任何关于地点的词语 1分：能说出（① 小兰家② 客厅）（1/2）	
	3. 人物	0分：没有提及故事中的人物 1分：仅说出其中一个人物，或用"她们"代替，或人物命名前后不一致，或由评估者提醒人物名称 2分：说出两个人物，且名称正确（① 小兰 ②小花）（2/2）	
	4. 故事讲述的顺序性	0分：不能按照图片1、2、3、4的顺序说出故事或是图片有遗漏 1分：能按照图片1、2、3、4的顺序说出故事，且图片没有遗漏	

续表

项目		评分标准	得分
整体讲述	5. 故事内容的完整和连贯性	0 分：故事描述不完整，或前后无连贯性，或缺少对其中某张图片的描述 1 分：故事描述完整且前后有连贯性	
	6. 故事的宏观结构	0 分：无法讲述 1 分：能够谈论画面中的任何人、事、物，但所说内容之间不能形成完整的语句 2 分：能围绕着主人公及相关主题的内容进行简单陈述，但句与句之间没有联结 3 分：讲述的故事中已经包含了一系列合乎逻辑的内容，出现了连接词，但内容之间的组织联结尚未成熟 4 分：叙事中包含常见的故事要素，能够详尽、合乎逻辑地讲述一个完整的故事，且能较好地对内容进行组织	
	7. 整体句法	0 分：无法讲述 1 分：以词为主的讲述 2 分：以短语为主的讲述 3 分：以简单句（主谓宾）为主的讲述 4 分：以简单修饰句（加入修饰词如形容词等）讲述	
	8. 韵律感	0 分：语调单一 1 分：在讲述过程中声情并茂，有韵律感	
	9. 清晰度	0 分：基本听不清 1 分：听起来很费劲，绝大多数的音都不清楚 2 分：绝大部分的音是清晰的，可以允许有个别音不清楚	

月亮船

转录文本	

项目		评分标准	得分
图 1	1. 内容	0 分：无应答或内容不完整 1 分：能说出（① 睡觉② 做梦）（2/2）	
	2. 句法	0 分：无应答或句法不完整 1 分：至少说出一句合乎题意的完整句子	
图 3	1. 内容	0 分：无应答或内容不完整 1 分：能说出（① 把星星送给××）（1/1）	
	2. 句法	0 分：无应答或句法不完整 1 分：至少说出一句合乎题意的完整句子	

项目		评分标准	得分
图 2	1. 内容	0 分：无应答或内容不完整 1 分：能说出（① 钓星星）（1/1）	
	2. 句法	0 分：无应答或句法不完整 1 分：至少说出一句合乎题意的完整句子	
图 4	1. 内容	0 分：无应答或内容不完整 1 分：能说出（① 哭② 安慰〈抱〉）（2/2）	
	2. 句法	0 分：无应答或句法不完整 1 分：至少说出一句合乎题意的完整句子	

续表

项目		评分标准	得分
整体讲述	1. 时间	0分：无应答或没有出现任何关于时间的词语 1分：能说出（① 早上/晚上 ② ……的时候 ③ ×点钟）（1/3）	
	2. 地点	0分：无应答或没有出现任何关于地点的词语 1分：能说出（① 床上 ② 房间里 ③ 月亮上）（1/3）	
	3. 人物	0分：没有提及故事中的人物 1分：仅说出其中一个人物，或用"她们"代替，或人物命名前后不一致，或由评估者提醒人物名称 2分：说出两个人物，且名称正确（① 小美 ② 妈妈/阿姨/姐姐）(2/2)	
	4. 故事讲述的顺序性	0分：不能按照图片1、2、3、4的顺序说出故事或是图片有遗漏 1分：能按照图片1、2、3、4的顺序说出故事，且图片没有遗漏	
	5. 故事内容的完整和连贯性	0分：故事描述不完整，或事件前后无连贯性，或缺少对其中某张图片的描述 1分：故事描述完整且前后有连贯性	
	6. 故事的宏观结构	0分：无法讲述 1分：能够谈论画面中的任何人、事、物，但所说内容之间不能形成完整的语句 2分：能围绕着主人公及相关主题的内容进行简单陈述，但句与句之间没有联结 3分：讲述的故事中已经包含了一系列合乎逻辑的内容，出现了连接词，但内容之间的组织联结尚未成熟 4分：叙事中包含常见的故事要素，能够详尽、合乎逻辑地讲述一个完整的故事，且能较好地对内容进行组织	
	7. 整体句法	0分：无法讲述 1分：以词为主的讲述 2分：以短语为主的讲述 3分：以简单句（主谓宾）为主的讲述 4分：以简单修饰句（加入修饰词如形容词等）讲述	
	8. 韵律感	0分：语调单一 1分：在讲述过程中声情并茂，有韵律感	
	9. 清晰度	0分：基本听不清 1分：听起来很费劲，绝大多数的音都不清楚 2分：绝大部分的音是清晰的，可以允许有个别音不清楚	
看图叙事能力测验总分			

备注：逐字稿的记录符号说明。
（ ） 所有括号内的内容称为迷思。例如起头错误、重复和重新组织语句等
* 表示"省略的字或其部分结构"
：03 表示"停顿时间为3秒"
〉 表示"舍弃的语句"
× 表示"不清楚的字词或部分的语句结构"

（四）句式仿说能力测验中常见的评分举例

表 8-4-1　句式仿说能力测验中常见的评分举例

序号	测验内容		得分		结果分析		
	目标句	仿说句举例	语法	语义	语法	语义	混合
1	小明画画。	小明在画画。	1	1			
		小红画画。	1	0		内容不符	
		小明在画一个小苹果/图。	1	1			合理添加
2	小红有汽车。	小红有玩具。	1	0.5		用词不当	
3	小红不想打针。		0	0			无反应
		小红哭了。	0	0	自主句式	内容不符	
		小红不要打针。	1	1			合理添加
4	小红把杯子摔碎了。	小红把盘子摔碎了。	1	0		内容不符	
5	胖胖的男孩有火车。	胖男孩火车。	0	0	缺失成分		
		胖胖的哥哥是火车。	0	0			搭配不当
		男孩有汽车。	0	0	缺失成分		
		穿蓝衣的男孩没有火车。	0	0	自主句式	内容不符	
		大胖哥哥有红火车。	1	1			合理添加
		胖胖的哥哥玩火车。	1	1			
		胖胖的男孩拿火车。	1	1			
6	小红吃完了西瓜。	女孩吃光了西瓜。	1	1			
		小红吃光了西瓜。	1	1			
		小红吃西瓜。	0	0	缺失成分		

续表

序号	测验内容		得分		结果分析		
	目标句	仿说句举例	语法	语义	语法	语义	混合
6	小红吃完了西瓜。	小红吃完西瓜。	0	0	缺失成分		
		小红吃了很多西瓜。	0	0	自主句式	内容不符	
		妹妹在吃西瓜。	0	0	自主句式	内容不符	
		小红吃完了香蕉。	1	0		内容不符	
		小红把两个西瓜都吃掉了。	0	1	自主句式		
		小红的肚子疼了。	0	0	自主句式	内容不符	
7	小明穿绿色的衣服。/ 小明穿蓝色的裤子。	小明没有穿红色的裙子。	0	0	自主句式	内容不符	
		小明穿衣服。	0	0	缺失成分		
		小明穿衣服裤子。	0	0	缺失成分		
		小明穿绿色的裙子。	1	0		内容不符	
		小明穿绿色的裤子。	1	0		内容不符	
		小明穿绿衬衫。	0	1	缺失成分		
		小明穿绿色衬衫。	0	1	缺失成分		
		他穿绿色的衣服。	1	0.5		用词不当	
8	小明抱着小红走。	小明抱着小红。	0	0	缺失成分		
9	小红把小明推倒了。	小红被小明推倒了。	0	0			颠倒
		小红把小明摔跌了。	1	0		用词不当	
		小红给小明推倒了。	0	0			搭配不当

续表

序号	测验内容		得分		结果分析		
	目标句	仿说句举例	语法	语义	语法	语义	混合
9	小红把小明推倒了。	小明被小红推倒了。	0	1	自主句式		
10	西瓜被小红吃掉了。	妹妹把西瓜吃完了。	0	1	自主句式		
		小红被西瓜吃掉了。	0	0			颠倒
		西瓜给小红吃掉了。	0	1			
11	女孩比男孩胖。	女孩比男孩瘦。	0	0			颠倒
		女孩比男孩高/矮。	0	0	自主句式	内容不符	
		男孩比女孩胖。	0	0			颠倒
		姐姐胖，弟弟瘦。	0	1	自主句式		
12	女孩在椅子上/躺椅上睡觉。	小女孩在椅子睡觉。	0	0	杂糅		
		女孩在沙发睡觉。	0	0	杂糅		
		女孩在睡觉。	0	0	缺失成分		
		阿姨在睡觉。	0	0	缺失成分		
		女孩在草地上睡觉。	1	0		内容不符	
		女孩在床上睡觉。	1	0.5		用词不当	
		女孩在家里睡觉。	1	0		用词不当	
		女孩在凳子上睡觉。	1	1			
		女孩睡在椅子上。	0	1	自主句式		
13	花园开满了/长满了花。	草原都开满了鲜花。	0	0	杂糅		
		草原/花丛长满了花。	1	1			
		花园长满了美丽的花。	1	1			合理添加
		这个地方有很多的花。	0	0	自主句式	内容不符	

续表

序号	测验内容		得分		结果分析		
	目标句	仿说句举例	语法	语义	语法	语义	混合
13	花园开满了/长满了花。	花田种了好多花。	0	0	自主句式	内容不符	
		花长满了花。	0	0	杂糅		
		花园很多的花。	0	0	缺失成分		
		草原长了花。	0	0	缺失成分	内容不符	
		花地长满了花。	1	0		用词不当	
		草原长出了花。	0	0	自主句式	内容不符	
14	弯弯的月亮像香蕉。	尖尖的月亮像香蕉。	1	1			
		黄黄的月亮像香蕉。	1	0.5		用词不当	
		月亮像香蕉。	0	0	缺失成分		
		圆圆的月亮弯弯的像香蕉。	0	0	杂糅		
		弯弯的香蕉像月亮。	0	0			颠倒
		弯弯的星星像小船。	0	0			
		弯弯的月亮像麻蕉。	1	1			
		弯弯的月亮像鞋子。	1	1			
15	小红有两个杯子：一个是白色的，一个是黑色的。	小红有两个杯子：一个是白色，一个是黑色。	0	1	缺失成分		
		小红带来两个杯子：一个是白色的，一个是黑色的。	1	1			
		小红的杯子有黑的和白的。	0	0	缺失成分		
		小红拿了黑色的杯子和白色的杯子。	0	0	缺失成分		
		小红拿了两个杯子：白色的，黑色的。	0	0	缺失成分		
		小红有两辆杯子：一辆是白色的，一辆是黑色的。	1	0			搭配不当
		小红有白色的、黑色的杯子。	0	0	缺失成分		

续表

序号	测验内容		得分		结果分析		
	目标句	仿说句举例	语法	语义	语法	语义	混合
15	小红有两个杯子：一个是白色的，一个是黑色的。	小红有两双杯子：一个是白色的，一个是黑色的。	1	0			搭配不当
		小红有两个杯子：一个是白，一个是黑。	0	1	缺失成分		
		小红有两个杯子：一个是白的，一个是黑的。	1	1			
		小红有两个杯子，有白色的，有黑色的。	0	0	缺失成分		
16	这是绿色，这不是黄色。	这不是黄色，这是绿色	0	1			颠倒
		这是绿色，这不是。	0	0	缺失成分		
		这是绿色，这是黄色。	0	0	自主句式	内容不符	
17	早晨太阳升起来了。	白天太阳出来了。	1	1			
		早上天亮了。	0	0	缺失成分		
		白天太阳落上来了/落上去了。	0	0			搭配不当
		早晨太阳来了。	0	0	缺失成分		
		白天太阳从东方升起来了。	1	1			合理添加
		早晨太阳上天了。	0	0			搭配不当
		早晨太阳公公出来了。	1	1			合理添加
18	爸爸每天开车上班。	爸爸开车去上班。	0	0	缺失成分		
		叔叔每天开汽车。	0	0	缺失成分		
		叔叔去上班。	0	0	缺失成分		
		爸爸每天乘车上班。	1	0		内容不符	
		爸爸每天坐小轿车上班。	1	0		内容不符	

续表

序号	测验内容		得分		结果分析		
	目标句	仿说句举例	语法	语义	语法	语义	混合
18	爸爸每天开车上班。	爸爸每天乘汽车上学。	1	0		内容不符	
		爸爸在骑汽车。	0	0			搭配不当
		叔叔每天打开汽车上班。	0	0			搭配不当
		爸爸每天开车子上学。	1	1			
		叔叔每天都乘车上班。	1	0		内容不符	
		爸爸整天开车上班。	1	1			
		大人去上班，开的小汽车。	0	0	自主句式	内容不符	
19	小红被小明逗笑了。	小明被小红逗笑了。	0	0			颠倒
		小红和小明都笑了。	0	0	自主句式	内容不符	
		小明逗小红逗笑了。	0	0	杂糅		
		小明把小红逗笑了。	0	1	自主句式		
		小明给小红逗笑了。	0	0			搭配不当
		小红被小明嘲笑了。	1	0		用词不当	
		小红把小明逗笑了。	0	0			颠倒
20	猫/小猫戴了两个黄色的铃铛。	猫戴了一个黄色的铃铛。	1	0		内容不符	
		猫戴着黄色的铃铛。	0	0	缺失成分		
		小猫有两个铃铛。	0	0	缺失成分		
		猫戴了两个黄色的铃铛。	1	1			
		小猫的脖子上有铃铛。	0	0	缺失成分		
		猫戴了两个红色的项圈。	1	0		内容不符	
		猫戴了一个红色的项圈。	1	0		内容不符	

续表

序号	测验内容		得分		结果分析		
	目标句	仿说句举例	语法	语义	语法	语义	混合
21	如果明天不下雨，我就去动物园。	如果明天不闪电，我就去动物园。	1	0		用词不当	
		小红去动物园看猩猩，下雨天她不去看猩猩。	0	0	自主句式	内容不符	
		如果今天不下雨，我就去动物园。	1	1			
		如果明天不下雨，我就可以去喂动物。	1	1			
		这样明天不下雨，我就去动物园。	0	0	关联词搭配不当		
		万一明天不下雨，我就去动物园。	0	0	关联词搭配不当		
		如果明天不下雨，我就去动物园看大猩猩。	1	1			
		如果明天不下雨，我就可以去看猩猩/猴子。	1	1			
22	晚上阿姨买菜。/晚上叔叔买菜。	晚上妹妹买东西。	1	0.5		用词不当	
		晚上阿姨去买饭	1	0		用词不当	
		晚上阿姨去买菜。	1	1			合理添加
		晚上有人买菜。	0	0.5	自主句式	用词不当	
		阿姨要大白菜。	0	0	自主句式	内容不符	
		阿姨买（蔬）菜。	0	0	缺失成分		
		阿姨去买东西。	0	0	缺失成分		
		早晨奶奶买蔬菜。	1	0		内容不符	

续表

序号	测验内容		得分		结果分析		
	目标句	仿说句举例	语法	语义	语法	语义	混合
22	晚上阿姨买菜。/ 晚上叔叔买菜。	早晨妈妈去买菜。	1	0		内容不符	
		爸爸打电话，妈妈在买菜。	0	0	自主句式	内容不符	
		早晚妈妈去买菜。	0	0	杂糅		
23	白天小红在草地上画画。	小红在草地上画画。	0	0	缺失成分		
		早晨小红在画画。	0	0	缺失成分		
		白天小红在家边画画。	1	0		用词不当	
		早上姐姐在外面画画。	1	0.5		用词不当	
		早晨小红在大草原上画画。	1	1			
		白天小红在草原里画画。	1	1			
		白天小红在草丛里画画。	1	1			
		白天小红在草丛上画画。	1	0			搭配不当
		小红白天在草地上画画。	0	1			颠倒
24	小红推不动方方的箱子。	小红推不动方方的石头。	1	0		用词不当	
		小红推不动长方形的砖头。	1	0.5		用词不当	
		小红推不倒这个快递。	0	0	缺失成分		
		小红推不动大大的包裹。	1	0.5			
		小红搬不动大大的包裹。	1	0		内容不符	
		小红推不动正方形的一个东西。	1	0		用词不当	
		小红推不起这个重重的箱子。	1	0		用词不当	
		小红推不动大大的魔方。	1	0.5		用词不当	

续表

序号	测验内容		得分		结果分析		
	目标句	仿说句举例	语法	语义	语法	语义	混合
24	小红推不动方方的箱子。	小红推不动方方的大石头。	1	0		用词不当	
		小红推不动绿色的小筐。	1	0		内容不符	
		小红推不动很大的盒子。	1	0.5		用词不当	
		小红推不动方形的石头。	1	0			
		小红推不动方形的木头/箱子。	1	1			
		小红推不动大块的魔方。	1	0.5			
		小红推不动重重的箱子。	1	0.5		用词不当	
25	鱼缸里没有鱼。	水没有鱼。	0	0	缺失成分		
		水里没有鱼。	1	0.5		用词不当	
		花瓶里有水。	0	0	自主句式	内容不符	
		花瓶里有水草。	0	0	自主句式	内容不符	
		鱼缸里有鱼食。	0	0	自主句式	内容不符	
		鱼缸里没有花。	1	0		内容不符	
		鱼池里没有鱼。	1	0.5		用词不当	
		水瓶里没有鱼。	1	0.5		用词不当	
		瓶子里没有鱼。	1	0.5		用词不当	
		这边花瓶里没有花。	0	0	自主句式	内容不符	
		鱼缸里没有金鱼。	1	1			合理添加

续表

序号	测验内容		得分		结果分析		
	目标句	仿说句举例	语法	语义	语法	语义	混合
26	小明的狗有黑色的斑点。	小明的狗有许多黑色的点点。	1	0.5	用词不当		
		小明的狗是白色的条纹。	0	0			搭配不当
		小明的狗有黑色的条纹。	1	0	用词不当		
		小明的狗有斑点。	0	0	缺失成分		
		小明的小狗身上有点点的。	0	0	缺失成分		
		小明的狗有黑色的点。	1	0.5	用词不当		
		小明的狗黄色。	0	0	缺失成分		
		小明他的狗有黑色的斑点。	0	0	杂糅		
		小明的狗有黑点。	0	0.5	自主句式	用词不当	
		小明的狗有黑斑点。	0	1	自主句式		
		小明小狗身上有花。	0	0	自主句式	内容不符	
27	小红因为肚子饿了，所以想吃饭。	小红因为肚子饿了，要吃饭。	0	1	关联词缺少		
		小红因为饿了，吃饭了。	0	0	关联词缺少	内容不符	
		小红肚子饿了，要吃饭。	0	1	关联词缺少		
		小红因为饿了，她想吃饭。	0	1	关联词缺少		
		小红因为饿了，所以想吃饭。	1	1			
		妹妹饿了，所以想吃饭。	0	1	关联词缺少		

续表

序号	测验内容		得分		结果分析		
	目标句	仿说句举例	语法	语义	语法	语义	混合
27	小红因为肚子饿了，所以想吃饭。	小红因为肚子饿了，愿去吃饭。	0	0	杂糅		
		小红因为肚子饿了，所以在吃饭。	1	0.5		用词不当	
		小红她饿了，想吃饭。	0	1	关联词缺少		
		小红因为肚子饿了，所以吃饭。	1	0.5		用词不当	
		小红饿了，想要吃东西。	0	1	关联词缺少		
28	小红买的不是西瓜，而是苹果。	小红不买西瓜，要苹果。	0	0	关联词缺少		
		妈妈买了苹果，虽然没买西瓜。	0	0	关联词缺少		
		小红买水果不是西瓜，而是苹果。	0	0	缺失成分		
		小红（想）买的不是西瓜，是苹果。	0	1	关联词缺少		
		小红买的是苹果，买的不是西瓜。	0	0			颠倒
		小红买的不是西瓜，而是苹果。	1	1			
		小红买的水果不是西瓜，而是苹果。	1	1			
		小红买的是苹果，而不是西瓜。	0	1	自主句式		
29	白色的小猫/猫咪在河边/岸上钓鱼。	白色的小猫在钓鱼。	0	0	缺失成分		
		小猫在河边钓鱼。	0	0	缺失成分		
		一只可爱的小猫在河边钓鱼。	1	0.5		用词不当	
		白色的猫在草地上钓鱼。	1	0.5		用词不当	

续表

序号	测验内容		得分		结果分析		
	目标句	仿说句举例	语法	语义	语法	语义	混合
29	白色的小猫/猫咪在河边/岸上钓鱼。	小猫咪正在河边钓鱼。	0	0	缺失成分		
		小猫的黄色在钓鱼	0	0	杂糅		
		白色的猫在大草原上钓鱼。	1	0.5		用词不当	
		白色的小猫在河里钓鱼。	1	0		内容不符	
30	虽然下雨了,但是他还在跑步。	下雨了,哥哥跑到水里去了。	0	0	关联词缺少	内容不符	
		有个人下雨了,要跑步回家。	0	0	关联词缺少	内容不符	
		虽然下雨了,但是他在跑步。	0	0.5	自主句式	用词不当	
		虽然下雨了,他还在跑步。	0	1	关联词缺少		
		下雨了,他还在跑步。	0	1	关联词缺少		
		虽然下雨了,但是他没打伞,所以要快点跑。	0	0	自主句式	内容不符	
		虽然下雨,但是我还没跑回家。	1	0		内容不符	
		下雨了,但还是奔跑着	0	0	关联词缺少	内容不符	
		下雨了,他还在跑步。	0	1	关联词缺少		
		虽然下雨了,可是他还在跑步。	0	1	关联词搭配不当		
		但是下雨了,他还在跑步。	0	0			搭配不当

续表

序号	测验内容		得分		结果分析		
	目标句	仿说句举例	语法	语义	语法	语义	混合
30	虽然下雨了,但是他还在跑步。	虽然下雨了,但是他还在溜冰。	1	0	内容不符		

(五)儿童和家庭基本信息登记表

表 8-5-1 儿童和家庭基本信息登记表

档案编号:_____   填写日期:_____
学校/康复中心:_____   填表人:_____

一、基本信息					
姓名		昵称		性别	
出生日期					
民族			户口所在地		
临床诊断		(需附表)	诊断时间		
学生障碍类型(在以下选项中打"√"): 听力障碍听力情况:□一级(>90分贝) □二级(81—90分贝) 　　　　　　　　　□三级(61—80分贝) □四级(41—60分贝) 助听装置:□人工耳蜗开机时间 　　　　　□助听器佩戴时间 智力障碍智力情况:□轻度 □中度 □重度 是否为唐氏综合征:□是　□否 脑性瘫痪类型:□痉挛型 □不随意运动型 □肌张力低下型 □共济失调型 □混合型 □孤独症 □发育迟缓 □其他障碍类型					
二、家庭信息					
母亲姓名		联系方式		文化程度		职业	
父亲姓名					

续表

二、家庭信息	
主要照顾者	□父亲 □母亲 □（外）祖父 □（外）祖母 □其他
语言环境	□普通话 □普通话和一种方言 □普通话和多种方言 □普通话和外语
现居住地址	

三、孕产史、既往病史、过敏史			
孕产史	孕期情况	1. 孕期母亲是否患病	□否 □是：____
		2. 孕期母亲是否服用过药物	□否 □是：____
		3. 孕期是否有其他异常情况	□否 □是：____
		4. 孕期：　　周	
	生产情况	1. 分娩情况	□正常分娩 □难产 □臀位 □剖宫产 □使用产钳 □胎吸 □其他：____
		2. 新生儿期状况	□正常 □黄疸 □癫痫 □感染 □外伤 □其他：____
早期发育情况	1. 儿童运动情况（出现时间） 抬头：____月；翻身：____月；坐：____月；爬（四爬）：____月；走：____； 其他：____ 2. 儿童食物偏好 □硬质 □软质 □流质　其他：____		
既往病史及治疗	□没有过以下疾病　□有过以下疾病 1. 疾病：□麻疹 □水痘 □结核 □脑外伤 □百日咳 □癫痫 □肾炎 □气管喘息 □脑膜炎 □腮腺炎 □巨细胞病毒感染 □铅中毒 □其他：____ 2. 重大疾病及治疗史：____		
家族史	遗传病：□无 □有：____		
过敏史（食物、药物）	过敏史：□有 □无 过敏史备注：_____		
用药史	□无 □链霉素 □庆大霉素 □卡那霉素 □奎宁 □水杨酸 □其他：____		

四、康复史			
历史康复机构	康复时间段	康复频次	康复形式及康复内容

续表

五、关于该儿童需要特别注意的事项

六、家长对该儿童的教育期望

（六）儿童现状描述表

表 8-6-1　儿童现状描述表

档案编号：＿＿＿＿＿＿＿＿＿＿＿＿＿　　　填写日期：＿＿＿＿＿＿＿＿＿＿＿＿＿

学校/康复中心：＿＿＿＿＿＿＿＿＿＿＿　　　填表人：＿＿＿＿＿＿＿＿＿＿＿＿＿＿

一、基本信息					
姓名		昵称		性别	
出生日期	年　　月　　日				
二、现状描述（专业人员填写）					
医院诊断报告	智力评估工具：＿＿＿＿＿＿＿＿＿　评估得分：＿＿＿＿＿＿＿ 社会适应评估工具：＿＿＿＿＿＿＿　评估得分：＿＿＿＿＿＿＿ （其他可附表）				
听力	□ 正常 □ 补偿或重建后： 左耳 □ 500 HzdB □ 1 000 HzdB □ 2 000 HzdB □ 3 000 HzdB □ 4 000 HzdB 右耳 □ 500 HzdB □ 1 000 HzdB □ 2 000 HzdB □ 3 000 HzdB □ 4 000 HzdB				
视力	□正常 □矫正后：左眼：＿＿＿　右眼：＿＿＿				
感官功能	1. 视知觉能力	□ 正常	□ 超敏	□ 弱敏	备注：
	2. 听知觉能力	□ 正常	□ 超敏	□ 弱敏	备注：
	3. 触知觉能力	□ 正常	□ 超敏	□ 弱敏	备注：
	4. 味知觉能力	□ 正常	□ 超敏	□ 弱敏	备注：
	5. 嗅知觉能力	□ 正常	□ 超敏	□ 弱敏	备注：

续表

二、现状描述（专业人员填写）					
感官功能	6. 温度觉	□ 正常	□ 超敏	□ 弱敏	备注：
	7. 痛觉	□ 正常	□ 超敏	□ 弱敏	备注：
	8. 前庭觉	□ 正常	□ 超敏	□ 弱敏	备注：
	9. 本体觉	□ 正常	□ 超敏	□ 弱敏	备注：
听觉	听觉能力主要指该儿童能听到、听清、听懂他人说话的能力。该能力分为逐级递增的0—7级。请在最接近儿童实际情况的选项前打"✓"。 □ 0 察觉不到日常环境中的声音。 □ 1 仅能察觉到日常环境中少部分的声音。 □ 2 仅能区分大小、快慢不同的声音。 □ 3 能听清日常环境中的少部分词语。 □ 4 能不看口型，听清词语，但部分相似音容易混淆。 □ 5 能不看口型，听懂四字以上的短语。 □ 6 能不看口型，听懂日常交谈内容。 □ 7 能和认识的人通过电话进行交流。				
言语	言语功能主要包括该儿童言语嗓音及言语构音能力。其中言语嗓音主要考查儿童呼吸、发声、共鸣的能力；言语构音主要考查儿童语音习得的状况。请在最接近儿童实际情况的选项前打"✓"。 （1）言语嗓音能力，该能力分为逐级递增的0—3级。 □ 0 说话气短，一字一顿，字数少。 □ 1 不能控制说话音调高低或声音大小。 □ 2 说话舌头挛缩在口腔的中后部，说话听感不舒适。 □ 3 说话听感自然、舒适。 （2）言语构音能力，该能力分为逐级递增的0—5级。 □ 0 仅能发出部分单元音。（如：a、i、u） □ 1 口语中出现极少可听清楚的音。 □ 2 听者能听清少量词汇。 □ 3 听者能听清单个词，但无法听清句子中的词汇。 □ 4 听者能听清句子中的词汇，但无法连贯地说出整个句子。 □ 5 听者能听清连贯的句子，在日常生活中该儿童的话很容易被理解。				
运动	运动功能主要考查儿童粗大运动和精细运动能力。其中粗大运动主要包括儿童能否独立坐、站、走、跑、跳等；精细运动主要包括手的抓握、搭积木、画线临摹等。请在最接近儿童实际情况的选项前打"✓"。 （1）粗大运动分级，该能力分为逐级递增的0—6级。 □ 0 不能独坐。 □ 1 能独坐，但不能独自站立。 □ 2 能独站，但不能独立平地行走。 □ 3 能独立平地行走，但不能独立上下楼梯。 □ 4 能独立上下楼梯且能勉强进行跑和跳。				

续表

二、现状描述（专业人员填写）	
运动	☐ 5 能独立双脚跳离地面，连续三次以上，但不能独立完成单脚跳的动作。 ☐ 6 能独立完成单脚跳离地面三次以上。 （2）精细运动分级，该能力分为逐级递增的0—7级。 ☐ 0 无法抓握任何物品。 ☐ 1 能用手掌抓握物品。 ☐ 2 能用拇指和食指捏取较小的物品。 ☐ 3 能搭积木8—9块。 ☐ 4 能正确用笔随意画。 ☐ 5 能正确用笔描摹直线。 ☐ 6 能正确用笔描摹三角形，"十"字和部分字母。 ☐ 7 能正确用笔书写一些数字和简单汉字。
语言	语言能力主要考查儿童利用口语或非口语的形式，对词语、词组、句子、句群进行理解和表达的能力。理解和表达能力分为逐级递增的1—10级。请在儿童目前语言表现能完全达到的最高级别前打"✓"。（如在某一级别中，儿童仅能达到其中部分要求，则选择上一级别。级别下面的说明仅为举例，儿童如能达到相同的语言级别即可，可以与说明中的例子不一样） 儿童表达性口语沟通能力筛查 ☐ 1 能在饿了或不舒适时用哭声表达要求。 ☐ 2 能用除哭、笑声以外的声音回应他人。（举例：妈妈对孩子说话，孩子能用"a~"或"u~"等声音回应。） ☐ 3 能用手势及声音表达要求，且能发出类似多音节的音，但不能说出词语。（"类似多音节的音"举例："ba ba ba~""da da da~"等。） ☐ 4 能发出多种类似语音的声音，且能自主说出1—5个有意义的词语。（"有意义的词语"举例：看到妈妈，在无任何提示下叫"妈妈"。） ☐ 5 能积极模仿他人说话，且能自主说出20—50个有意义的词语。（"模仿"举例：妈妈说"一二三"，孩子跟着说"一二三"；"有意义的词语"举例：看到小狗，在无任何提示下说"小狗"。） ☐ 6 能经常使用双词句表达要求，且能自主说出100—300个词语。（"双词句"举例："灯灯开开""妈妈抱"。） ☐ 7 能使用完整句表达要求，且能使用完整句提简单问题。（"完整句"举例："我想看动画片。""使用完整句提简单问题"举例："这是什么呀？"） ☐ 8 能经常使用含形容词、数量词等修饰词的完整句进行表达，且能经常使用疑问句提问。（"使用含形容词、数量词等修饰词的完整句表达"举例："这是一盒很好吃的巧克力。""我想要妈妈陪我玩小汽车的游戏。""使用疑问句提问"举例："这是什么味道的？""那个是什么样子的？"） ☐ 9 能使用含有关联词的句子讲具有因果、转折、总分等逻辑关系的事件。（举例："因为我不饿，所以我不想吃饭。""我想听故事，但我想先看一集动画片。""这些是我和我妈妈做的黏土作品：第一个是妈妈做的蜗牛，第二个是我做的冰激凌……"）

续表

二、现状描述（专业人员填写）	
语言	□ 10 能有逻辑地讲述含有人物、主题的三个环节以上的完整事件，且能有逻辑地与他人聊天，还能根据他人的反应调整自己说话的内容或语速等。（"三个环节以上的完整事件"举例："幼儿园今天办了游园会。中午我们吃了自助餐，自助餐一共有三种可以选。我选了蛋包饭。"） **儿童接收性口语沟通能力筛查** □ 1 能对人的声音做出反应。（举例：有人跟他说话时能停止哭闹。） □ 2 能转向说话的人，并能与人对视、微笑。 □ 3 能跟随他人的手势看向物品。（例如：跟随妈妈的手指指示去看灯。）且能理解常见的动作信息。（举例：妈妈点头的动作表示"可以"，摇头表示"不可以"。） □ 4 能理解生活中经常出现的一些关键词，并做出相应的反应。（举例：听到"××在哪里"，就会拍拍自己；听到"出去玩"，就走向大门拿鞋子；听到"拜拜"，就会摇摇手；听到"小狗"，就会学汪汪叫。） □ 5 能理解并执行简单的一步指令。（"一步指令"举例："把苹果拿来。""把剪刀放下。"） □ 6 能理解简单的两步指令并按顺序执行。（"简单的两步指令"举例："你先去喝水，再拿面包。"） □ 7 能理解较复杂的两步指令并按顺序执行。（"较复杂的两步指令"举例："你先把苹果给奶奶，再把香蕉给爷爷。"） □ 8 能理解含三个及以上形容词、数量词或方位词等修饰词的句子。（举例：听到"把两个红色的圆形积木放进盒子"，能按指令准确完成动作。需要说明的是，此例子中有"两个""红色"和"圆形"三个修饰词，当有其他数量、颜色和形状干扰项时，孩子能准确识别出来。） □ 9 能理解事件之间的因果、假设、转折等逻辑关系。（举例：能理解"冰激凌吃多了肚子会痛。""如果明天下雨，就不能去动物园了。""虽然他很累，但他还在不停地跑。"） □ 10 能理解含有三个及以上情节，且蕴含一定道理的故事。（举例：听完《龟兔赛跑》的故事，能理解故事中谁比谁跑得快，为什么跑得慢的乌龟反而能赢。）
认知	认知能力主要考查儿童对颜色、形状、物体的量、数概念、空间概念、时间概念等的认识能力。该能力分为逐级递增的 0—7 级。请在最接近儿童实际情况的选项前打"✓"。 □ 0 有基本的感知觉，但不能匹配相同颜色。 □ 1 能辨认三种基本的颜色（红、黄、蓝），分清物体的大小，认识圆形，分清上下的方位概念。 □ 2 能在对比中指出高矮、长短、多少、轻重和胖瘦。 □ 3 能根据 10 以内数字找到数字对应的物品个数。 □ 4 能分清里外、前后、旁边与中间、左右等方位概念。 □ 5 能理解大概的时间，但不能认识钟表的时间。 □ 6 能认识钟表的时间。 □ 7 能进行 20 以内加减运算及 10 以内的四则运算，能完成简单应用题。

续表

	二、现状描述（专业人员填写）
情绪行为	情绪行为问题主要考查儿童各种场合行为问题的出现与调控情况。该能力分为逐级递增的 1—6 级。请在最接近儿童实际情况的选项前打"✓"。 □ 1 在绝大多数场合，都有异常行为出现，且完全无法控制。 □ 2 在大部分场合，有异常行为出现，且经疏导后可基本得到控制。 □ 3 在部分场合，有异常行为出现，且经疏导后得到控制。 □ 4 在少数场合，有异常行为出现，且经提醒可控制。 □ 5 偶尔出现异常行为，可自控。 □ 6 无情绪行为问题。 儿童常见情绪行为为： 常用的有效应对策略为：
社会适应	社会适应能力是指个体为了满足社会环境的要求而逐渐学会基本生活自理、掌握社会规范与基本社交能力和人际关系能力，从而有效地适应社会生活的能力。请在最接近儿童实际情况的选项前打"✓"。 （1）独立进食。 □ 0 完全不能独立完成。 □ 1 能在他人的大量辅助下完成。 □ 2 能在他人的少量辅助下完成。 □ 3 能在他人的提示下完成。 □ 4 能独立完成。 （2）独立如厕。 □ 0 完全不能独立完成。 □ 1 能在他人的大量辅助下完成。 □ 2 能在他人的少量辅助下完成。 □ 3 能在他人的提示下完成。 □ 4 能独立完成。 （3）独立穿脱衣物。 □ 0 完全不能独立完成。 □ 1 能在他人的大量辅助下完成。 □ 2 能在他人的少量辅助下完成。 □ 3 能在他人的提示下完成。 □ 4 能独立完成。 （4）独立洗漱。 □ 0 完全不能独立完成。 □ 1 能在他人的大量辅助下完成。 □ 2 能在他人的少量辅助下完成。 □ 3 能在他人的提示下完成。 □ 4 能独立完成。 （5）遵守环境规范和规则，如：不破坏公共设施，能够排队。 □ 0 从不发生。 □ 1 很少发生。

续表

二、现状描述（专业人员填写）	
社会适应	☐ 2 不能确定。 ☐ 3 经常发生。 ☐ 4 总是发生。 （6）掌握基本的社交礼仪，能招呼熟人，使用礼貌用语。 ☐ 0 从不发生。 ☐ 1 很少发生。 ☐ 2 不能确定。 ☐ 3 经常发生。 ☐ 4 总是发生。 （7）掌握安全常识，能够避开危险，懂得自我保护。 ☐ 0 从不发生。 ☐ 1 很少发生。 ☐ 2 不能确定。 ☐ 3 经常发生。 ☐ 4 总是发生。 （8）认识熟悉的生活环境，在家附近地区活动不会迷路。 ☐ 0 从不发生。 ☐ 1 很少发生。 ☐ 2 不能确定。 ☐ 3 经常发生。 ☐ 4 总是发生。
其他	

（七）儿童兴趣调查表

表 8-7-1 儿童兴趣调查表

档案编号：＿＿＿＿＿＿＿＿＿＿＿＿＿　　　填写日期：＿＿＿＿＿＿＿＿＿＿＿＿

学校/康复中心：＿＿＿＿＿＿＿＿＿＿　　　填表人：＿＿＿＿＿＿＿＿＿＿＿＿＿

一、基本信息			
儿童姓名		昵称		性别	
出生日期	＿＿年＿＿月＿＿日		就读年级	

续表

二、兴趣资料
强化物选择（按偏好程度依次填写，至少 3 项）
1. 喜欢的食物：
2. 喜欢的饮料：
3. 喜欢的玩具：
4. 喜欢的游戏：
5. 喜欢的活动：
6. 其他：
厌恶物选择（按厌恶程度依次填写，至少 3 项）
1. 不喜欢的食物：
2. 不喜欢的饮料：
3. 不喜欢的玩具：
4. 不喜欢的游戏：
5. 不喜欢的活动：
6. 其他：

主要参考文献

REFERENCES

一、中文文献

[1] [美]卡普兰（Kaplan, R.M.）. 心理测验：原理、应用及问题[M]. 赵国祥，等译. 5版. 西安：陕西师范大学出版社，2005.

[2] 林焘，王理嘉. 语音学教程[M]. 北京：北京大学出版社，1992.

[3] 龚耀先，蔡太生. 中国修订韦氏儿童智力量表（C-WISC）手册[M]. 长沙：湖南地图出版社，1993.

[4] 戴海崎，张峰，陈雪枫. 心理与教育测量[M]. 3版. 广州：暨南大学出版社，2012.

[5] 黄昭鸣. 我国言语—语言障碍康复现状及发展策略[J]. 中国听力语言康复科学杂志，2016，14（2）：84-87.

[6] 孙喜斌，张蕾，黄昭鸣，等. 儿童汉语语音识别词表语谱相似性的标准化研究[J]. 中国听力语言康复科学杂志，2006（1）：16-20.

[7] 李孝洁. 语言发育迟缓儿童词语理解与表达能力的应用研究[D]. 上海：华东师范大学，2009.

[8] 张艳丽. 儿童词汇命名词表的编制及其在听障儿童中的应用研究[D]. 上海：华东师范大学，2016.

[9] 卢袁芳. 4—6岁听障儿童对话理解与听觉记忆的特征及关系研究[D]. 上海：华东师范大学，2015.

二、英文文献

[1] Shriberg L D, Tomblin J B, McSweeny J L. Prevalence of Speech Delay in 6-Year-Old Children and Comorbidity With Language Impairment[J]. Journal of Speech, Language, and Hearing Research, 1999, 42（6）：1 461-1 481.